特殊奧運

雪鞋

特殊奧運雪鞋運動規則
（版本：2018 年 6 月）

■ 雪鞋項目

關於雪鞋項目：

雪鞋已迅速成為一項備受喜愛的冬季室外活動。雪鞋結合有氧活動和在雪上輕鬆行走，不會陷入雪中，是一項適合所有年齡層的活動。雪鞋比賽是北極冬季運動會（Arctic Winter Games）和冬季特殊奧運的一部分。

特殊奧林匹克雪鞋項目設立於 1997 年。

相關數據：

- 2011 年共 24,582 名特殊奧運運動員參與雪鞋項目
- 2011 年共有 70 個組織成員舉辦雪鞋競賽賽
- 過去七年內，參與桌球項目的運動員數量成長近 3 倍
- 歷史學家相信，人類應早在 4,000-6,000 年前就已發明雪鞋
- 2005 年約有 11,676 名特殊奧運雪鞋運動員，截至今日已成長超過 110%

競賽項目：

- 25 公尺競賽
- 50 公尺競賽
- 100 公尺競賽
- 200 公尺競賽
- 400 公尺競賽
- 800 公尺競賽
- 1600 公尺競賽

- 5 公里競賽
- 10 公里競賽
- 4 x 100 公尺接力賽
- 4 x 400 公尺接力賽
- 4 x 100 公尺融合接力賽
- 4 x 400 公尺融合接力賽

協會／聯盟／贊助者：

國際特殊奧運會（Special Olympics, Inc.）

特殊奧運分組方式：

　　每項運動和賽事中的運動員均按年齡，性別和能力分組，讓參與者皆有合理的獲勝機會。在特殊奧運中，沒有世界紀錄，因為每個運動員，無論在最快還是最慢的組別，都受到同等重視和認可。在每個組別中，所有運動員都能獲得獎勵，從金牌，銀牌和銅牌，到第四至第八名的緞帶。依同等能力分組的理念是特殊奧運競賽的基礎，實踐於所有項目之中，包括田徑、水上運動、桌球、足球、滑雪或體操等所有賽事。所有運動員都有公平的機會參加、表現，盡其所能而獲得團隊成員、家人、朋友和觀眾的認可。

1 總則

正式特奧雪鞋運動規則將規範所有特奧雪鞋賽事。國際特殊奧林匹克委員會為特奧雪鞋運動的管理機構。

有關行為準則、訓練標準、醫療與安全規範、分組、獎項、進階比賽條件及融合運動團體賽等資訊，請參閱特奧通則第 1 條：http://media.specialolympics.org/resources/sports-essentials/general/Sports-Rules-Article-1.pdf。

2 正式比賽

比賽項目旨在為不同能力的運動員提供比賽機會。各賽事可視情況決定所提供的比賽項目及視其必要性訂定管理比賽項目之規章。教練可因應運動員的能力及興趣，選擇合適的項目加以培訓。

下列為特殊奧林匹克提供的正式項目：

2.1　25 公尺競賽

2.2　50 公尺競賽

2.3　100 公尺競賽

2.4　200 公尺競賽

2.5　400 公尺競賽

2.6　800 公尺競賽

2.7　1600 公尺競賽

2.8　5 公里競賽

2.9　10 公里競賽

2.10　4x100 公尺接力賽

2.11　4x200 公尺接力賽

2.12　4x400 公尺接力賽

2.13　4x100 公尺融合運動（Unified Sports®）接力賽

2.14　4x200 公尺融合運動接力賽

2.15　4x400 公尺融合運動接力賽

3　場地

3.1　賽道場地

1. 賽道場地為長 400 公尺的環狀賽道，每位運動員所在賽道寬度不應少於 1 公尺。

2. 400 公尺賽道應相對平坦。

3. 場地應經過整理，使賽道所有部份的狀態均相近。

4. 比賽應朝逆時針方向行進。

3.2　長距離比賽場地

1. 1600 公尺以上長距離比賽場地應涵蓋不同的地形和環狀賽道。

3.3　特定比賽項目

1. 25、50 和 100 公尺競賽

　（1）應於場地的直線部分或能讓多項競賽同時進行的獨立場地上進行。

　（2）應於場地上標示或畫出 25、50 和 100 公尺賽事的賽道。

　（3）每條賽道的寬度應至少為 1 公尺，最好有 1.7 公尺。

2. 200 公尺競賽

　（1）於 400 公尺場地的一部分進行。

3. 400 公尺競賽

　（1）跑整個 400 公尺場地 1 圈。

4. **800 公尺競賽**

（1）跑整個 400 公尺場地 2 圈。

5. **1600 公尺競賽**

（1）賽道應涵蓋不同的地形，可利用 400 公尺環狀賽道做為起點和終點。

6. **5 公里和 10 公里競賽**

（1）在涵蓋不同地形的雪道上進行。

7. **4x100 公尺接力**

（1）在 400 公尺場地上進行，設有 3 個接力區。

（2）每個接力區長 20 公尺，並應清楚標示。

（3）接力區的起點應最接近起跑線。

8. **4x200 公尺接力**

（1）在 400 公尺場地上進行，設有 2 個接力區。

（2）接力區長 20 公尺，並應清楚標示。

（3）接力區的起點應該最接近起跑線。

9. **4x400 公尺接力**

（1）在 400 公尺場地上進行，設有 1 個接力區。

（2）接力區長 20 公尺，並應清楚標示。

（3）接力區的起點應該最接近起跑線。

4 器材

4.1　雪鞋

1. 雪鞋架不得小於 17.78 公分 x50.8 公分（7 英寸 ×20 英寸），此為雪鞋架最長兩端之間與最寬兩端之間的距離。丈量雪鞋架應以直線距離為準（不應測量曲線距離），也就是說，雪鞋架寬度不得少於 17.78 公分，且長度不得少於 50.8 公分。

2. 原廠安裝的腳趾和腳跟冰爪是允許的，但不得使用任何附加「爪

釘」。

3. 雪鞋必須包括框架和由網狀或堅固材料製成的底板。

4. 運動員雙腳必須透過直接固定裝置扣穩在雪鞋上。

5. 運動員在分組測試及決賽中必須穿著相同款式、品牌、種類及尺寸（或成對）雪鞋和服裝。

4.2　鞋靴

1. 比賽鞋靴不限於跑步鞋、登山靴或雪靴。所有運動員都必須穿著鞋靴。

4.3　雪杖

1. 可自由選擇是否使用雪杖。

4.4　號碼布

1. 比賽期間，號碼布必須清楚顯示於運動員軀幹前方。

5　工作人員

5.1　大會人員

1. 場地主管

2. 競賽主管

3. 主發令員

4. 助理發令員

5. 裁判

6. 計時長

7. 助理發令員

8. 大型賽事可增設技術顧問或其他大會人員。

5.2　大會人員職責

1. 場地主管負責準備、維護和控管比賽場地，以符合正式運動規則（例如比賽場地規格／標示）。
2. 競賽主管負責監督比賽運作，確保器材合乎標準且比賽細節符合正式規則。
3. 所有運動員就定位預備後，由主發令員負責發出起跑口令。起點裁判負責裁決起跑是否有犯規。
4. 發令員負責確保所有運動員在比賽開始前，均於起跑線後方正確位置就定位。助理發令員將站在距離起跑線 10 公尺處，以便出現起跑犯規時，能阻止運動員繼續比賽。
5. 終點裁判負責在運動員越過終點線時，記錄運動員的時間和號碼，以決定完賽順序。
6. 賽道上沿路指派的裁判應負責監督比賽進行和過程中的規則遵循。
7. 計時長負責指引及統籌計時區內工作人員，督導人工計時及電子計時，擔任候補裁判及協助終點裁判。

6　比賽規則

6.1　器材檢查

1. 所有雪鞋和接力棒均須於賽前由工作人員進行丈量及檢查。
2. 運動員必須將指定號碼布佩戴於工作人員能隨時清楚看見的位置。

6.2　比賽開始

1. 比賽開始時，運動員雙腳雪鞋的鞋尖不得超越起跑線；起跑線應以顏色或其他標記清楚標示在雪地上。起跑前，運動員身體或衣服的任何部份均不得觸及起跑線或前方之雪地。
2. 不得使用任何能為運動員帶來起跑優勢的輔助物，如起跑器或坑洞。
3. 各分組的所有運動員將於起跑線後並排同時出發，將不分段計時起

跑。

4. 起跑指令發出後，運動員才能開始比賽／離開起跑區。

5. 起跑指令如下：

（1）口令應為「選手預備」（運動員應保持靜止姿勢）。

（2）以口令「出發」或鳴槍做為起跑指令。

（3）可額外使用視覺提示（如旗子）協助聽障運動員起跑。針對視障運動員，則可使用肢體碰觸示意起跑。

6. 起跑犯規

（1）任何運動員在起跑指令發出前起跑，均視為起跑犯規。

（2）運動員在「選手預備」口令後及起跑指令發出前明顯地移動身體任何部位（此時應保持靜止姿勢），亦將視為起跑犯規。

（3）工作人員須指明起跑犯規的運動員並告知犯規。

（4）任何運動員於同一比賽中犯下 2 次起跑犯規，將被取消該比賽的資格。

6.3 比賽

1. 除大會人員和參賽運動員之外，任何人員均不得進入賽道。

2. 如賽事在彎道進行，場地主管應利用弧線起跑或因應賽道形狀，確保所有運動員比賽的距離皆相同。弧線起跑圖請見附件 A。

3. 運動員不得於雙腳未著雪鞋的情況下前進超過 3 公尺。

4. 不得協助運動員配速。配速是指任何非同一比賽參賽者於運動員 3 公尺距離外、在運動員前方、後方或旁邊一起移動，或使用任何形式的計時器，給予運動員調整比賽節奏的指示。

5. 在 25 公尺、50 公尺及 100 公尺比賽中，運動員須全程跑於指定跑道上。若運動員離開指定跑道，但未有實質得益、或未對其他運動員造成妨礙或干擾，則不須取消資格。

6. 兩分鐘規則

（1）比賽過程中，運動員若有跌倒、無法穿著或固定雪鞋，或離開

賽道等情形，須於兩分鐘內自行修正問題以繼續比賽。在所有 100 公尺或以上比賽，運動員須每兩分鐘朝終點線前進至少 20 公尺。

（2）運動員若無法遵守兩分鐘時限或接受任何形式的協助，將被取消資格。

（3）最接近運動員的裁判應負責發出最後一分鐘的警告，同時進行犯規計時。

（4）裁判在介入前須給予運動員兩分鐘時限返回賽道，除非情況對犯規運動員本身或賽道上其他參賽者的安全造成疑慮。

6.4　取消資格

1. 大會人員有權指示重新開始比賽。

2. 有以下情況的運動員或接力隊伍將被取消資格：

（1）不當超越或妨礙其他運動員，或以任何形式刻意干擾其他運動員。

（2）阻止其他運動員超越。

（3）推擠或阻擋其他運動員以妨礙他們前進；經判定非偶然發生者，將被取消資格。

（4）離開指定賽道。

（5）兩次起跑犯規。

（6）於接力區不當交接棒。

（7）未遵守兩分鐘時限內前進的規定。

（8）於雙腳未著雪鞋的情況下前進超過 3 公尺。

（9）於雙腳未著雪鞋的情況下越過終點線。

（10）在越過起跑線開始比賽後或越過終點線前，接受任何身體協助。

（11）使用不符規定（未經認可）的雪鞋或接力棒。

3. 不論是否有人被取消資格，在特殊情況下，大會人員有權基於公平、

合理之考量指示重新開始比賽。

6.5 比賽結束

1. 當運動員的軀幹越過終點線的垂直平面，就算完成比賽。頭、頸、手臂、腿、手和腳均不算軀幹。

2. 越過終點時，運動員的雙腳必須穿著雪鞋，才算完賽。

6.6 接力賽規則

1. **交接棒**

（1）指定接力區長 20 公尺，其起始線和終止線之垂直平面相距 20 公尺。依跑步方向，接力區最接近起點的一邊為起始線，另一邊為終止線。

（2）交棒及接棒運動員必須於接力區內正確交接棒。

（3）比賽開始前，裁判會安排運動員於指定位置等待接棒（4x100 公尺接力賽適用），或根據第一位運動員跑過 200 公尺距離後的順序，（由內至外）決定所屬隊員的順序排列（4x400 公尺接力賽適用）。

（4）交棒運動員接近接力區時，同隊等待接棒的運動員可往場地內圈移動，但不得推擠或阻擋其他運動員以妨礙他人進行比賽。

（5）參加 4x100 公尺接力賽的運動員，最多可於接力區前 10 公尺開始起跑準備接棒。場地上應以線條標示此距離。如運動員未遵守上述規則，所屬隊伍將被取消資格。

（6）若接力棒落地，應由掉棒運動員拾起，運動員可離開指定跑道去拾回接力棒，但不得因此縮短比賽距離。此外，接力棒掉落後若滾向兩旁或前方（包括越過終點線），掉棒運動員在拾回接力棒後，須至少回到掉棒前的位置才能繼續比賽。若一切按上述程序進行，且未妨礙其他運動員，掉棒不會被取消資格。如運動員未遵守上述規則，所屬隊伍將被取消資格。

（7）接力棒交接必須於接力區內進行。交接過程由接棒運動員首次
　　碰觸接力棒開始，直到只剩接棒運動員手持接力棒為止。接力
　　棒的位置將決定交接棒是否於接力區內進行。於接力區外交接
　　棒將被取消資格。

2. 接力賽取消資格

（1）運動員於接棒前和／或交棒後，應留在接力區內或跑道內圍指
　　定位置，直到跑道已淨空，以免阻擋其他運動員進行比賽。若
　　運動員因跑出指定位置或跑道，阻礙其他隊伍的隊員，所屬隊
　　伍將被取消資格。

（2）運動員若以推或其他方式輔助同隊隊員前進，該隊將被取消資
　　格。

（3）參加 4x400 公尺接力賽的運動員不得於接力區外開始起跑，應
　　於接力區內起跑。如運動員未遵守上述規則，所屬隊伍將被取
　　消資格。

3. 接力棒

（1）接力棒應為光滑空心圓管，以木頭、金屬或其他硬質材料一體
　　製成。

（2）可使用金屬接力棒，但在嚴寒天氣下徒手拿取時應特別小心。

（3）接力棒長度應介於 280 至 300 公釐。

（4）外徑應為 40 公釐，重量不得少於 50 公克。

（5）外層應上色，以便在比賽中清晰易見。

（6）運動員必須全程手持接力棒，並不得於手上使用其他物質協助
　　抓握接力棒。

4. 融合運動

（1）融合運動接力隊伍應由 2 名特奧運動員與 2 名融合運動夥伴組
　　成。運動員接力棒次將由教練決定。

5. **隊員名單**

（1）各接力隊伍應由4名運動員組成，隊伍人數少於4人者應棄權。

6. **參與比賽**

（1）每位運動員將完成整個接力賽程四分之一的距離，且不得參與多於一個棒次。

7. **申訴程序**

（1）所有申訴均須以書面方式提交。

（2）不受理任何質疑大會人員判決的申訴。

（3）申訴時必須填寫特殊奧林匹克競賽申訴表格。

（4）申訴須於非正式成績公布後 15 分鐘內於大會指定地點提交。

8. **使用陪跑員**

（1）視障運動員的陪跑員不得在運動員前方。陪跑員全程不得拉或推運動員前進。

（2）必須能清楚識別運動員與陪跑員。

附件 A：弧線起跑準則

所有無法全程於直線完成的特奧雪鞋比賽（200公尺以上及接力賽）均採弧線（彎道）起跑。弧線起跑能確保每位運動員自弧線上任一點起跑，至進入彎道的距離都相同（也就是說，從跑道外圍起跑的運動員與從跑道內圍起跑的運動員所跑的距離相同）。

下圖中 A 至 B 點間的曲線即為起跑弧線。運動員從 B 點或 A 點起跑至 D 點（最上端標示點）的距離均相同，在彎道上距離均少於 25 公尺。

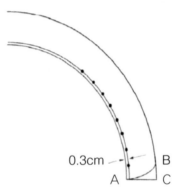

起跑弧線設置方式如下：距跑道內緣石0.3公尺（12英寸）處開始，每3.05公尺（10英尺）設置一個標示點；第一個標示點將位於起點距跑道內緣石0.3公尺（12英寸）處。以9.75公尺（32英尺）跑道來說，10個標示點就已經足夠。

使用長 30.48 公尺（100 英尺）以上的鋼捲尺或繩索，以距離起點最遠的標示點（D 點）為中心、從 A 點向跑道外緣畫出弧形（即為弧形起跑線）。

各標示點之間的距離（3.05 公尺）為相當準確的間距。

若捲尺未與各連續標示點相接，則半徑就會因此改變。

特殊奧運雪鞋教練指南
規劃雪鞋訓練以及賽季

目錄

■ 雪鞋教練指南

致謝

特殊奧運對安納伯格基金會（Annenberg Foundation）基金會致上誠摯謝意，感謝其贊助此指南的製作和相關資源，並支持我們的全球目標，促進教練們的卓越表現。

The ANNENBERG FOUNDATION

Advancing the public well-being through improved communication

特殊奧運亦感謝協助製作《雪鞋教練指南》的專業人士、志工、教練和運動員。這些人士協助完成特殊奧運的使命：為 8 歲以上的智力障礙人士提供多種奧運類型運動的常年運動訓練和運動員競賽，讓其有持續不斷的機會得以發展體適能、展現勇氣、感受歡樂的經驗，並與家人和其他特奧運動員和社區共同分享天賦、運動技巧和友誼。

特殊奧運歡迎您對此指南日後的修訂提出想法和意見。若有任何疏漏致謝之處，我們深表歉意。

特約作者

加拿大特殊奧林匹克組織 Doug Castor

國際特殊奧林匹克組織 Ryan Murphy

國際特殊奧林匹克組織技術代表 Tom Sobal

加拿大特殊奧林匹克組織的 Kelly Zackodnik

特約感謝以下單位／人士協助和支持

他加拿大奧林匹克發展協會

加拿大奧林匹克公園

加拿大特殊奧林匹克組織 Brenda Hill

國際特殊奧林匹克組織 Dave Lenox

參與影片的加拿大特殊奧林匹克組織運動員

Fern Bremault

Chris Doty

Sarah McCarthy

Jennifer Riddell

國際特殊奧林匹克組織 Paul Whichard

加拿大特殊奧林匹克組織 Lance Zackodnik

目標

對每位運動員來說，設定切合現實但富有挑戰的目標，對訓練和比賽而言都十分重要。目標會建立和驅動運動員訓練及比賽時的行動。運動員的運動自信有助其快樂地參與運動，而這也是運動員動機的重要關鍵。若要了解其他資訊和目標設定相關練習，請參閱「指導原則」章節。

設定目標的優點

- 提高運動員的體適能等級
- 培養自律能力
- 教導運動員各種活動必備的運動技能
- 提供運動員自我表現和社會互動的方式

目標設定和動機

透過目標設定發展自信

透過處在與比賽相似的環境中重複練習，達成目標，能樹立運動員的信心。設定目標需要運動員和教練共同努力。目標設定的主要功能包括：

1. 目標必須是短期、中期和長期。
2. 應將目標視為邁向成功的墊腳石。
3. 應為運動員可接受的目標。
4. 應依困難度不同來設定目標－從容易參加到挑戰級等不同困難度。
5. 應為可測量的目標。
6. 應利用目標來建立運動員的訓練和競賽計畫。

完成短期目標可能會比長期目標更能鼓勵運動員（無論其是否為智力障礙的運動員）；然而，請勇於挑戰他們的可能性。讓運動員參與設

定個人目標。在設定目標時，了解運動員參與運動的原因也很重要。以下參與因素可能會影響動機和目標設定：

- 年齡適合性
- 能力程度
- 預備程度
- 運動員表現
- 家庭影響
- 同儕影響
- 運動員偏好

技能表現目標與結果目標的比較

有效目標注重技能表現而非比賽結果。技能表現是運動員能控制的項目，而結果則經常由他人掌控。有優秀表現的運動員可能會因為他人表現更好而無法贏得比賽。相反地，運動員也可能因為其他運動員表現更差而獲得勝利。若運動員的目標是在比賽中展現個人最好的表現，則比起贏得比賽，運動員更容易控制自己是否有達成技能表現目標。此表現目標最終有助運動員能更良好地掌握自己的技能。

目標設定的動機

目標設定被證實為近三十多年來，其中一項專為運動設計的最簡單且有效的激勵方式。儘管這並不是一項新觀念，但如今的有效目標設定技巧已被重新定義及修正，不同以往。動機即為有需求且努力達成該需求。您該如何強化運動員的動機呢？

1. 若運動員學習技巧時遇到困難，請給予對方更多時間和注意力。
2. 技能等級若有小小進步，請獎勵對方。
3. 除了贏得勝利之外，也發展其他成就方式。
4. 讓您的運動員知道他們對您來說很重要。

5. 讓您的運動員知道您為其感到驕傲，且很期待他們正在進行的訓練內容。

6. 滿足運動員的自我價值。

目標會提供方向，讓我們知道應該更熟悉哪些技能。目標也會增加與技能表現相關的努力、毅力和品質。建立目標也需要運動員和教練共同決定要達成目標所需的技能有哪些。

可測量且具體

有效目標需非常具體且可衡量。以「我要成為最好的自己！」或「我要改善自己的表現」為形式的目標太過模糊，且難以衡量。雖然聽起來十分正向，但很難（雖不一定不可能）評估達成與否。可衡量的目標必須以過去一兩週內記錄的表現為基準，這會讓目標更加實際。

雖有難度，但實際

有效目標被認為是具挑戰性，但不具威脅性的目標。具挑戰性的目標是被認為困難但在合理時間內可實現的活動目標，且付出的努力或能力需求都屬合理。具威脅性的目標則是被認為已超出運動員現有能力的目標。實際代表此目標仍須經評判。以過去一兩周內記錄的表現為基準來設定的目標，應會更加實際。

長期與短期目標之比較

長期和短期目標都能提供運動員方向，但短期目標能有最好的激勵效果。短期目標能更容易達成，且是更遙遠長期目標的墊腳石。不實際的短期目標比不實際的長級目標更容易識別。若能發現不實際的目標，就可以在損失寶貴練習時間前先行修改目標。

正向目標設定與負面目標設定之比較

正向目標是指出要做的事，而非不要做的事，而負面目標則會讓我

們太過注意想避免或消除的錯誤。正向目標也需要教練和運動員一起決定要如何達成這些特定目標。目標決定後，運動員和教練必須決定要使用的具體策略和技術，以順利達成目標。

設定優先項目

有效目標的數量有限，且對運動員具有重大意義。若要設定有限的目標數，需要運動員和教練共同決定哪些是重要且基礎的目標，以便持續發展相關技能。若建立一些謹慎選擇後的目標，也能讓運動員和教練得擁有準確的紀錄，不會有損於紀錄儲存工作。

共同目標設定

若運動員誓言將達成相關目標，則目標設定便會是一項有效的激勵工具。若強加或建立目標，運動員沒有明顯投入，則不可能可以強化運動員的動機。

設定具體時間線

運動員的努力會因為有目標日期而產生迫切性。設定具體目標日期往往會消除一些不切實際的想法，並確定實際目標有哪些。時間線在高風險運動中格外重要，因為恐懼往往會導致延宕學習新技能的機會。

正式與非正式目標設定之比較

部分教練和運動員認為應透過練習以外的正式會談才能設定目標，並應在決定目標前經過長時間周全的評估。事實上，目標就是教練們多年來一直使用的「技能進展」，只是現在透過可測量的表現方式來呈現，而非以往模糊且廣泛的成果。

目標設定領域

若談到設定目標，運動員通常會著重於學習新技能或比賽中的表現。教練的主要任務是擴大運動員對前述領域的感知，讓目標設定成為

一項有效的工具。可以將目標設定為強化體適能、改善參與度、提高強度、提升運動家精神、發展團隊精神、獲得更多自由時間，或建立一致性等。

目標設定摘要

設定目標是運動員和教練共同努力的成果。以下是目標設定的主要功能：

以短期和長期來規劃架構

- 邁向成功的踏腳石
- 應為運動員可接受的目標
- 應從容易參加到挑戰等級，不同困難度來設定目標
- 應為可衡量的目標

短期目標

- 在有趣的環境中學習雪鞋

長期目標

運動員需習得順利投入雪鞋比賽所需的基礎雪鞋技能、適當的社會表現，以及相關規則的實用性知識。

評估目標清單

1. 寫下目標說明。

2. 目標是否足以滿足運動員的需求？

3. 是否正向地描述目標？

4. 運動員是否能掌控該目標？

5. 設定之目標是否為「目標」而非「結果」？

6. 該目標是否足夠重要，讓運動員想要努力達成？

7. 運動員在努力達成目標時，可能會遭遇什麼障礙？

8. 運動員需要學習哪些項目？

9. 運動員需要承受哪些風險？

規劃雪鞋訓練季

務必做好整季計畫，以開始進行雪鞋訓練季。訓練季計畫應將賽程以及針對比賽的發展和準備內容列入考量。整季計畫包含三大內容：季前、季中和季後。

訓練季計畫應包含能讓運動員達成目標的內容，以完成其季初設定的目標。相關目標可能十分廣泛，從比賽到每周訓練都有，因此計畫應盡可能適用於個別運動員的目標。

建立訓練季計畫

雪鞋教練應為接下來的練習季做好準備。以下清單提供您一些建議，讓您能迅速上手：

- 透過參加訓練季和討論會議來提升雪鞋知識和教練技巧。
- 聘請助理教練。
- 設置練習季的設備。
- 安排必備的器材。
- 招募志工來接送運動員來往參加練習及／或比賽。
- 招募運動員。
- 確保所有潛在的雪鞋運動員皆已註冊為特殊奧運運動員。
- 依此指南後文提供的內容，建立目標，並草擬訓練計畫。
- 試著每週至少安排 1 次訓練課程。
- 若可行，請建立居家訓練計畫。

季前

面對雪鞋賽季最好的準備方式，是在春、夏和秋三季期間維持整體體適能。最好的穩定進展是增強身體力量和健身訓練。而跑步則是準備雪鞋的最好方式。

季中

　　此時期是實際執行訓練計畫的階段。依據要達成的需求來規劃每個
練習季。可以在雪、沙或鬆軟的草皮上進行訓練。沒有下雪也可以進行
訓練。未下雪時，在這些地面上進行有限次數的雪鞋訓練，不僅不會嚴
重損害器材，還有助運動員更熟悉雪鞋運動。

　　首次練習期間，請執行「運動技能評估測驗」，並依據每位運動員
的能力等級，為其設定目標。專為運動員設計其所需的設備和器材。訓
練季期間，應定期監督運動員的目標和技能，並修改訓練課程，以協助
運動員達成目標。隨著比賽時間接近，請試著為運動員模擬比賽情況。
接力賽是一個讓運動員準備好迎接比賽和團體合作好方法。若雪上訓練
的時間有限，請盡可能在可以進行雪上訓練時，著重於模擬比賽或比賽
節奏的環境。

季後

　　訓練季結束後，便應開始徹底評估運動員在達成設定目標上的進展，
並提供意見回饋。為希望在淡季時進行訓練的運動員建立淡季訓練計畫。
淡季訓練計畫應與運動員的整體訓練目標一致。

　　評估訓練計畫，並為下年度訓練季的計畫進行調整。要求運動員、
助理教練和家長等提供意見回饋，以用於調整明年的訓練計畫。

雪鞋訓練課程

規劃雪鞋訓練課程

　　每次訓練課程都必須包含相同的必要基礎內容。每個基礎內容所需時間應依訓練課程目標、該課程屬於哪個訓練季的時間，以及該課程可用時長而定。訓練課程中必須包括以下基礎內容；然而，所需時間應依課程特定要求而定。

暖身	10-15 分鐘
特定活動訓練	15-20 分鐘
條件式或體適能訓練	15-20 分鐘
緩和運動	10-15 分鐘

　　備註：請參閱每部分的「雪鞋技巧教學」小節，以深入了解這些祕訣的進一步資訊和指導。

有效訓練課程的原則

運動員應保持積極	運動員需要是積極的傾聽者
建立清楚且簡潔的目標	若運動員了解預期目標，便能學習改善
給予清楚且簡潔的指示	示範－增加指示的準確性
紀錄進步情況	您和運動員一起詳細記錄進步情況
給予正向意見回饋	強調並獎勵運動員表現良好的項目
提供多種訓練	不同訓練－避免無聊
鼓勵享受過程	協助讓您和運動員都覺得訓練和比賽皆十分有趣
創造進步	隨著以下資訊進展，學習成效會逐漸增加： • 已知至未知－成功探索新事物 • 簡單至複雜－了解「我可以做到」 • 一般至特定項目－這就是為什麼我需要努力訓練
規劃資源的最佳利用	利用您現有的器材，並克服缺少某些器材的難題－創意發想
接受個別差異	每個運動員的學習速度、能力都不相同

執行成功訓練課程的祕訣

1. 了解您該做什麼，以及如何在課程前進行規劃。

2. 依據您的訓練計畫，為助理教練分配角色和責任。

3. 應納入高度熱忱和自動自發的練習兩大重點並保有彈性。

4. 若可行，請在運動員抵達前準備好所有器材和場所。

5. 安排運動員在您面前呈半圓形隊伍。

6. 介紹和感謝教練、運動員。

7. 與大家一起檢視預期計畫。若行程或活動有所改變，務必告知運動員。

8. 說話時，請與運動員保持眼神接觸。說話簡潔清晰，請不要進行冗長的示範解說。

9. 向大家提問，確認所有人都了解要進行的事項。

10. 鼓勵運動員模仿您的技能動作。

11. 讓所有人持續活動身體。

12. 隨時注意運動員的疲勞程度與體溫狀況。

13. 強調「做」而非「看」。運動員可以透過參與各種有趣活動和遊戲來獲得最佳學習成效。打造雪中遊樂場，將雪鞋技能納入其中。例如，您可以使用障礙物或現有的樹木或灌木，來創造要進行的活動的場地。在運動員較為熟練後，以進階地形取代遊戲挑戰。

14. 維持活動的挑戰性和有趣性，並不斷提供正向意見回饋給運動員。

15. 保有「樂趣」是訓練的基本要素。

16. 依據天氣、設備和運動員需求來修改計畫。

17. 在指導另一項技能前，先給予運動員大量時間熟悉技能。

18. 讓訓練和活動保持簡單易懂，避免運動員感到無聊。即使在休息時間，也要透過活動讓所有人都有事可做。

19. 若活動進行順利，在大家興致高昂時停止活動的話，通常很有效。在運動員失去興趣前，先更換訓練活動。

20. 在練習結束時全心進行充滿挑戰和樂趣的小組活動，促使運動員期待下一次練習。

21. 總結課程內容，並宣布下次課程的安排。

執行安全訓練課程的祕訣

安全準備

1. 總教練應確認在第一次練習課程前已訂定所有規定。

2. 選擇安全的練習地點。移開該區域中的障礙物。

3. 避開狹窄、兩旁有樹且結冰的區域。

4. 選擇適合運動員技能的地形或小徑。

5. 檢查所有設備是否損壞。

6. 檢查急救箱；重新補充必要的備用品。

7. 提供緊急程序。訓練所有運動員和教練熟悉此程序。

8. 確認練習期間能取得電話的最近之處，或在現場備有可用的行動電話。

9. 首次練習時，請建立清楚的行為規定。在整年期間，持續重申並強調這些規定。

10. 若使用雪仗，雪杖朝下。

11. 不可單獨進行雪鞋運動。必須設有夥伴制度。

12. 鼓勵所有人穿戴適當的衣物和護目鏡。

13. 注意天氣和天氣變化方式。

14. 每次練習開始時，請在暖身後提供適當的伸展運動。

15. 提供能改善整體體適能等級的活動。健康的運動員較不易受傷。

16. 設計練習活動；讓所有人持續活動身體。

17. 盡可能提供一對一指導。

18. 配戴不易破損的太陽眼鏡或護目鏡。

19. 若正在小徑上進行雪鞋運動，請保持靠右。

20. 經常檢查器材。

21. 了解部分雪鞋上的金屬冰爪可能十分鋒利，拿取時應小
心。

訓練範例

　　理想上而言，運動員必須經過訓練－比賽－訓練－比賽的過程，獲得投入體育活動帶來的最大益處。您的創意是協助運動員在訓練和比賽環境中，同時獲得學習和享受的重要關鍵。以下的八周訓練方案範例有助您為運動員建立個別訓練計畫。若此方案的內容符合雪鞋運動員的需求，請將其納入訓練。

第一週
1. 介紹並總覽訓練季日程
2. 教導例行性暖身和伸展運動
3. 介紹基礎雪鞋技能
4. 進行一個讓人活躍的遊戲
5. 緩和運動
6. 講評並分派居家訓練計畫

第二週
1. 暖身和伸展運動
2. 複習先前教的技能
3. 進行雪鞋技能評估
4. 進行有趣的遊戲
5. 緩和運動與講評

第三週
1. 暖身和伸展運動
2. 複習先前教的技能
3. 介紹新技能
4. 將運動員以不同的技能分組，提供特定指導
5. 進行簡短的遊戲，或者是迷你競賽
6. 緩和運動與講評

第四週

1. 暖身和伸展運動
2. 檢視先前教的技能
3. 介紹新技能
4. 以不同的技能分組
5. 進行適合各種技能等級的長距離健行
6. 緩和運動與講評

第五週

1. 暖身和伸展運動
2. 檢視先前教的技能
3. 介紹新技能
4. 不同的技能分組
5. 練習衝刺起跑和速度賽
6. 享受有趣的比賽
7. 緩和運動與講評

第六週

1. 暖身和伸展運動
2. 檢視先前教的技能
3. 介紹新技能
4. 以不同的技能分組
5. 練習接力賽或玩遊戲
6. 緩和運動與講評

第七週

1. 暖身和伸展運動
2. 進行迷你競賽
3. 體適能訓練
4. 緩和運動與講評

第八週

1. 暖身和伸展運動
2. 根據迷你競賽中顯現的弱點進行訓練
3. 進行有趣的遊戲
4. 緩和運動
5. 協調即將進行的活動

雪鞋練習比賽

一般而言，參加越多比賽，就越能有較多收穫。練習比賽是評估運動員的好方法。這可以是兩個小組間的比賽，或當地運動員的小型個別技能（例如爬坡技術）比賽。盡可能擴大或新增練習日程，加入最多的比賽機會。以下是一些建議：

1. 與鄰近的在地課程共同舉辦練習比賽。
2. 詢問當地高中，您的運動員是否能與其進行練習賽。
3. 加入當地社區的雪鞋聯盟、俱樂部及／和協會。
4. 在您的社區中建立自己的雪鞋聯盟或俱樂部。
5. 在部分練習課程結束時，加入比賽內容。

教練的其中一項責任是為運動員增加比賽機會。所有運動員都能在練習季尾聲的當地活動中參加比賽；然而，只有少部分的運動員能參加訓練方案提供的最高階層的比賽。比賽是衡量進步和展示已掌握之技巧的方式。每年只有一次機會並不足夠。

雪鞋技能評估

運動員姓名：_____　　開始日期：_____

教練姓名：_____

指示

> 1. 在訓練／賽季開始時，利用工具為運動員建立起始技能等級。
> 2. 要求運動員展現技能數次。
> 3. 若運動員能正確展現技能 3-4 次，則請勾選該技能旁的方框，表示已達成該項技能。
> 4. 在訓練方案中安排多個評估課程。
> 5. 雪鞋運動員可以以任何順序完成技能。運動員在達成所有評估項目後，便完成此清單。

伸展運動

☐ 了解小腿、腿後肌、腹股溝、股四頭肌、三頭肌和肩膀的伸展運動
☐ 進行伸展運動

陸地或室內暖身練習

☐ 了解暖身練習
☐ 進行陸地暖身練習
☐ 進行雪上練習

穿上雪鞋

☐ 認識雪鞋的各部分
☐ 認識雪鞋的左腳和右腳
☐ 正確擺放腳的位置
☐ 安全地繫緊綁帶

脫下雪鞋

☐ 鬆開綁帶，然後脫下鞋子

避免雪鞋重疊

☐ 不需協助，穿著雪鞋站立

☐ 了解雪鞋重疊的概念

☐ 將雙腳／雪鞋分得更開，然後再互相靠近

向前行走

☐ 行走時，注意有沒有發生重疊情況

停止和復原

☐ 刻意停止

☐ 不需協助地爬起來

轉向

☐ 單腳站立

☐ 跨一大步，避免雪鞋重疊

☐ 把雪鞋板放在雪上

爬山丘

☐ 攀登山丘上最直達的路線

☐ 以鞋頭戳洞，將防滑釘推入雪中

☐ 使用雙臂做為登上山丘的力量

下山

☐ 保持重心在前

☐ 長步伐、滑行步，注意步伐不要過大

☐ 辨識以及沿著滾落線下山

衝刺起跑

- ☐ 站立、一腿在前、準備開始、屈膝
- ☐ 後腿和前臂向前推
- ☐ 使用前腿作為支撐點，成為推力的基礎
- ☐ 在不跌倒的情況下進行衝刺起跑

衝刺

- ☐ 同步移動手臂和腿部以達最大速度（右臂向前時左腿向前）
- ☐ 直線移動

長距離雪鞋

- ☐ 有效呼吸
- ☐ 控制雙臂，保持手肘向內
- ☐ 跑步時雙腳盡可能只抬起一點
- ☐ 採取短步伐，以節省精力
- ☐ 比賽時採均衡步伐

每日表現紀錄

　　每日表現紀錄旨在讓教練保有運動員在學習運動技能時的每日表現準確紀錄。以下是教練使用每日表現紀錄的優點。

1. 紀錄會成為記錄運動員進度的永久文件。
2. 紀錄有助教練為運動員建立可衡量且一致的訓練方案。
3. 紀錄讓教練在實際教學和指導課程時能保有彈性，將不同技能分為特定且可以滿足每位運動員個別需求的較小項目。
4. 紀錄有助教練選擇適合衡量運動員的技能表現的指導方式、條件和標準。

使用每日表現紀錄

　　在紀錄表最上方，輸入教練姓名、運動員姓名和雪鞋活動。若有超過一名教練與該運動員合作，則教練必須在姓名旁輸入自己與運動員共同訓練的日期。

　　在訓練課程開始前，教練會決定課程要包含的技能。教練應依據運動員的年齡、興趣和身心能力來進行決策。這些運動員必須習得的特定技能必須描述或說明。教練應在左方欄位的第一行中記錄技能。而在運動員掌握前一項技能後，再記錄後續各項技能。當然，可以使用超過一張紀錄表來紀錄課程中的所有技能。此外，若運動員無法表現規定的技能，教練得將該技能分為數項較小的任務，讓運動員能成功表現新技能。

掌握技巧的條件和標準

　　在教練輸入技能後，便可以決定運動員必須掌握技能的條件和標準。條件是指特殊情況，定義運動員必須展現技巧的方式；例如「給予

示範，然後提供協助」。教練的假設條件應始終如一：運動員掌握技能的最終條件為「依據口令，無需協助」，因此教練不需在紀錄表上的技能欄位旁記錄這些條件。理想上而言，教練應適當安排這些技能和條件，讓運動員逐漸學會如何依據口令且無需協助即可表現技能。

標準即是用來決定技能必須達到的程度。教練必須決定符合運動員實際身心能力的標準；例如「在60％的時間內，使用該技能達30公尺」。由於技能性質多樣，相關標準可能包含許多不同種類的標準，例如：時間長、重複次數、準確度、距離或速度……等。

課程日期和使用的指導程度

教練可以利用數天來進行一項任務，然後在此期間使用多種指示方法，以達到運動員能依據口令且不需協助即可進行該任務。若要為運動員建立一致的課程，教練必須記錄特定任務的進行日期，以及這幾天使用的指導方法。

活動： ＿＿＿＿＿＿＿＿＿＿＿＿　　運動員姓名： ＿＿＿＿＿＿＿＿＿＿

技巧： ＿＿＿＿＿＿＿＿＿＿＿＿　　教練姓名： ＿＿＿＿＿＿＿＿＿＿

技巧分析	條件與標準	日期與指導方式	掌握技能的日期

指導方式：PA（肢體協助）、PP（肢體提示）、D（示範）、VeC（言語提示）、ViC（視覺提示）、WA（未協助）

每週居家訓練

　　每位運動員都需要招募一位能與其進行居家訓練的夥伴。這位夥伴可以是兄弟姊妹、雙親或朋友。

　　運動員和其夥伴必須能督促彼此，以達到有效訓練。

暖身練習	指導
步行	在雪中步行兩分鐘，接著慢跑 2 分鐘
手臂繞圈	將雙臂舉至兩旁，與肩同高；雙臂向前繞 15 個小圈。休息，再重複動作，手臂向後繞圈 15 次。
小腿／阿基里斯腱伸展	面向牆或柵欄站立，將一腿放在另一腿前方。前腿稍微彎曲，後腿屈膝。請記得，不要有疼痛感，只要感到肌肉伸展的輕微緊繃即可。
伏地挺身	呈跪姿，然後將雙手放於身體前方的地上，與肩同寬。背挺直，將雙腳移向後移，直到腳尖站立為止。您的重量會在雙手和雙腳上。慢慢彎曲手臂，直到與地面平行。您的胸部會朝地面向下 4-5 英寸。推高至起跑姿勢。重複 5 次，然後試著增加至 10 次或更多。請記得，務必完全伸展雙臂至起跑姿勢，且背要挺直。您可以透過收縮胃部位置的肌肉將背挺直。
仰臥起坐	背靠地躺下並屈膝。雙手可以放在胸前或肩上，或放在身體兩側，手指輕觸耳朵。手肘向外。背挺直，同時緩緩抬起肩膀，然後直起身至坐姿。收縮胃部位置的肌肉，同時慢慢回到開始姿勢。重複 10 次，並嘗試重複 2-3 組（每組 10 次），每組間休息 30 秒。請記得，雙手越開，運動員越能訓練到胸部肌肉。
每周練習（至少練習 10 分鐘）	
1.設立 10 公尺場地 2.練習雪鞋起跑 3.比賽 10 次	每週增加距離，從 25、50，再到 100 公尺。每次比賽都請計時，以尋求進步。練習穿上雪鞋、跌倒，然後爬起。若為長距離雪鞋運動員，除固定訓練課程外，每周至少慢跑 2 次。

雪鞋服裝

　　服裝必須適合天氣環境。訓練和比賽時也併入「25°F規則」中。這表示若室外溫度為 40°F（4.4°C），則請穿著 65°F（18.3°C）的服裝。這是您在活動獲得熱能後的體感溫度。最好採分層穿搭法，以便在需要時添加或脫去衣物。寧願帶得比實際上需要的衣物還多，也不要帶得太少。

襪子

　　襪子可依個人洗好選擇，但建議穿著羊毛或混合型材質的滑雪或登山襪來進行雪鞋運動。請務必避免穿著棉襪，因為棉襪會吸收水氣，是不良絕緣體，且會導致水泡。建議可在隔絕襪內穿著合成材質或天然纖維的短襪。短襪有助雙腳排汗和排濕，並增加更多的空氣絕緣層。短襪也會吸收腳與外層襪子間的摩擦，避免起水泡。

鞋類

　　可以穿著任何類型的鞋子。因為跑步鞋和交叉訓練運動鞋較輕且舒適，因此較受歡迎。鞋子越重，跑步時背會感受到的重量越重。若為較冷的天氣，可以穿著靴子，但請確認腳踝能有足夠的靈活度，且該靴子在行走和跑步時能安全貼附於腳上。最重要的是

應保持腳部乾燥和舒適。建議鞋子應在穿著雪鞋運動要使用的襪子後仍感到舒適。適合穿在鞋子外，且能覆蓋鞋子前方和褲子下方空間的靴子將會十分實用。合成橡膠自行車靴非常適合穿在跑步鞋外。

　　雪鞋運動的關鍵是靴子或鞋子與雪鞋的接觸面。雪鞋運動員的身體溫暖來自於運動和分層穿搭，而非笨重的靴子。由於重型靴會增加重量，因此會提高雪鞋的困難度。此外，重型靴可能會導致腳部過度出汗，讓您的腳迅速變冷。

　　海豹皮或鹿皮的極地靴可以與傳統木雪鞋和束帶結合使用。極地靴可以加上縐布／橡膠底和毛氈襯，提供更多保護。極地靴以溫暖、舒適和輕量出名。這些通常能提供與雪鞋間的良好接觸面。

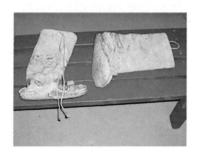 

褲子和上衣

結合三層服裝系統。簡單且能達到最佳效果。

內層

內層（或稱內部或打底）是排汗層。長板貼身衣的材質是合成材質、天然材質（絲）或已加工的材質，能排除身體排出的汗。上、下半身都應穿有排汗層。穿著包覆脖子且手腕處貼身的襯衫是保存身體熱能的最有效方式。

中層

中層應為絕緣層，且包含羊毛（毛衣或褲子）、抓毛絨（上衣或下身）或已加工過的材質。合成絕緣衣物或相變化加工品也被證實輕量且有效絕緣。此層藉由留住身體周圍的空氣層來提供溫暖。

備註：除了極度寒冷的環境外，雙腳一般不需要穿著此層，以免受到壓縮約束。

外層

防風雨的外層通常能阻擋風雪。腿部方面，尼龍防風褲是很好的選擇。若無法取得防風褲，請選擇寬版合成材質運動褲。短版風衣或發熱夾克也是很好的上半身選項。以防水、防風和透氣（讓身體排汗）等多層製成的衣物即十分實用。請注意，吸水衣物（如棉質運動褲）只能提供少量保護及防風防寒。雪鞋會踢起鬆散的雪至腿部和後背，因此最好使用光滑的尼龍外層覆蓋這些部位。雪鞋是高度有氧運動，可能會產生驚人的熱能，因此必須穿著不會限制動作的衣物。

在決定比賽服裝時，請考量您運動員的能力、天氣和活動距離。為了擁有最佳比賽狀態，請力求讓運動員穿著輕量、透氣、多層次、光滑且不會限制動作的外層衣物。可以考慮讓運動員在最外層穿著厚重但易於穿脫的夾克和褲子，以在各項活動間保持溫暖。許多比賽中，最大

的挑戰就是於各項活動間，在站立時保持溫暖。這些笨重的外層衣物應易於在各項活動前後迅速穿脫。請不要忽視，應為會在較長時間的比賽中容易出汗而弄濕比賽服裝的運動員，多帶一套溫暖且乾燥的衣物來更換。

配件

編織帽是避免熱度從頭部散出的必備品。依據天氣環境，應準備同樣為三層材質（合成內裡、熱傳導絕緣層以及防風／防水的外層）的手套或連指手套。建議配戴合適的眼部保護配件，以保護眼睛不受紫外線和眩光傷害，也能避免雪鞋運動員踢起的雪碰到眼部。偏光太陽眼鏡會遮斷眩光，而高品質眼鏡則較不會起霧。請記得，若眼鏡起霧，請使用太陽眼鏡適用的軟方巾擦拭。

雪鞋器材

安全且適當的器材是進行良好安全雪鞋運動的必備要素，因此最重要的決策是選擇正確的雪鞋類型。以下是兩種雪鞋類型：傳統木框雪鞋，以及由鋁、橡膠和其他「高科技」材質製成的金屬雪鞋。為了增加競爭力，建議穿著專供比賽使用的雪鞋。這類雪鞋較輕、小且不對稱（請參閱以下說明）。

雪鞋

鞋子重量和尺寸是雪鞋運動的關鍵。根據估計，腳上重量多出 1 磅等於背部重量多出 5-10 磅。同時，較窄的鞋框能讓重心更集中，並讓腿剛好位於軀幹下方，以免鞋框對小腿造成太大傷害。身體重量是非常微小的要素。無論雪鞋尺寸大小，每個人都會陷入乾燥粉狀的雪中，但即使是最重的運動員，也能在潮濕、緊實的雪中穿著較小的鞋子來進行雪鞋運動。因應雪況，請盡量穿著越小的雪鞋越好。相關規定明訂雪鞋寬度至少應為 8 英寸，長度最少應為 25 英寸（即 20.5 公分乘以 64 公分）。此尺寸的雪鞋最適合成人運動員。

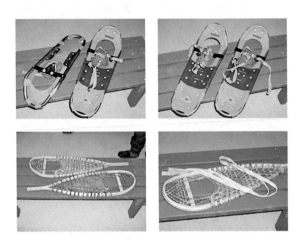

雪鞋結構剖析

每雙雪鞋都有 6 個部分。

框架

這是雪鞋的外部，負責提供雪鞋形狀。框架由鋁、木頭或模壓合成材料製成，可能是對稱或不對稱形式。對稱框架讓腳位於鞋子中段的中心，而不對稱框架更類似腳的形狀，有左右腳鞋之分，讓雙腳能更靠近，避免「行走搖晃」（snowshoe waddle）的情形。框架的鞋頭部分抬起，尾端加重，以確保順利移動，且鞋子上不會積雪。一般而言，最小的框架能提供雪上浮力，最適合用來比賽。

綁帶結構

此能將運動員的鞋子固定在雪鞋上。綁帶固定在穩固的平台，綁帶內的移動小、舒適且不接觸框架。木製雪鞋的綁帶通常以皮革製成，並附於鞋頭繩帶上。木製雪鞋的替代綁帶形式是燈芯（1.5 英寸扁平棉繩帶）；若要使用燈芯材質，必須修改鞋子，在兩側加入圈環。

支軸結構

此讓運動員能進行一般步行動作。平板上有一個洞，能在框架放在雪面上時，讓鞋頭進入雪中並推離。將綁帶裝置附加至雪鞋上，便形成木製雪鞋上的支軸系統。

鞋頭綁帶

鞋頭綁帶是雪鞋的一部分，將外部框架連結至綁帶上。

攀登用冰爪／防滑鞋或冰爪（僅限金屬雪鞋）

尖端和冰爪能在環境濕滑時，抓住雪並提供牽引力。尖端和冰爪位於綁帶下方，也讓其能協助推離動作。雪鞋下的後方牽引力裝置（即腳後跟煞車）對下山牽引力和安全性來說十分重要。

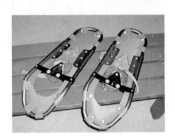

外部材料

外部材料附著於框架上，提供主要浮力。

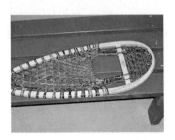

雪杖

多數的雪鞋運動員不會使用雪仗。與一般雪杖相比,雪鞋能提供更多牽引力、浮力和穩定性,能協助多數運動員輕鬆越過濕滑、鬆散、深厚和不平的雪面。盡可能試著讓您的運動員在不使用雪仗的情況下進行雪鞋運動。使用雪仗是進行雪鞋運動時的另一個協調動作,它需要更多精力和動力控制。若運動員在未穿著雪鞋的情況下,不需雪杖即可行走和跑步,則其在進行雪鞋運動時不須雪仗。雪杖也許能為平衡感、力量或協調性特別不佳的特定運動員帶來益處。若在休息時將滑雪杖掛在手臂上,其長度能從手肘高度觸及地面,即為適當長度。

特殊奧運雪鞋教練指南

雪鞋技巧教學

目錄

暖身

雪鞋是一項訓練全身的有氧活動。透過暖身運動，讓身體準備好以進行雪鞋運動，且能增加柔軟度，避免受傷。

暖身是例行練習中很基礎但極為重要的一部分。暖身著重於運動員的心理狀態，提高身體溫度，並為肌肉、神經系統、肌腱、韌帶和心血管系統做好迎接伸展和運動的準備。透過增加肌肉彈性，可以大量減少受傷的機會。

暖身時間是任何訓練階段或競賽預備的第一步。慢慢開始暖身，然後逐漸加入所有肌肉和身體部位。除了讓運動員能做好心理準備，暖身也能為身體帶來多項益處，例如：

1. 體溫升高
2. 增加新陳代謝率
3. 增加心跳和呼吸速率
4. 為肌肉和神經系統做好活動準備

暖身應依據即將進行的活動量身訂做。暖身活動包含主動性活動，透過劇烈運動提高心臟、呼吸和代謝率。總暖身時間至少應為 25 分鐘，且最好能立刻接著進行訓練或競賽。暖身時間將包含以下基本順序和組成內容。

活動	目的	時間（至少）
有氧漫步／快走／慢跑／跑步	預熱肌肉	5 分鐘
伸展運動	增加活動範圍	10 分鐘
訓練活動專屬訓練	準備好進行訓練	10 分鐘
比賽最終暖身訓練	準備好進行比賽	20 分鐘

有氧暖身

包括步行、緩和型慢跑、一邊步行一邊進行手臂繞圈、開合跳。

步行／慢跑

步行是運動員例行暖身的第一項運動。運動員慢步 3-5 分鐘以開始預熱肌肉。此活動將促進全部肌肉的血液循環，因此能為運動員提供更多肌肉柔軟度以進行伸展運動。步行暖身的唯一目標是促進血液循環並預熱肌肉，做好準備，進行接下來更劇烈的活動。

跑步

跑步是運動員例行暖身的下一個運動。運動員慢慢地跑 3-5 分鐘以開始預熱肌肉。此活動將促進全部肌肉的血液循環，因此能為運動員提供更多肌肉柔軟度以進行伸展運動。從慢慢跑步開始，然後逐漸增加速度；然而，運動員在結束時，使用的力量不應超過最大力量的 50％。請記得，這項暖身的唯一目標是促進血液循環並預熱肌肉，做好準備，進行接下來更劇烈的活動。

伸展運動

伸展運動是暖身活動和運動員表現最重要的部份。彈性較佳的肌肉會是更強壯且健康的肌肉。更強健且健康的肌肉能反映在表現更好的運動和活動上，且有助於預防受傷。若需更進一步資訊，請參閱「伸展運動」小節。

訓練活動專屬暖身訓練

訓練是從低能力等級開始學習，接著進步至中級，最後達到高能力等級。鼓勵每位運動員盡可能將自己的能力發揮到極限。

可透過重複少部分欲展示的技能來指導和強化肌肉運動的的知覺。很多時候，為了增強執行技能時要用到的肌肉，會誇大相關動作。在每個指導階段中，皆應帶領運動員完成完整進度，讓他們能掌握所有比賽所需技能。

比賽最終暖身

如果空間允許，可以在建築物或設施內進行前兩階段的暖身。若在室外進行暖身，請確認運動員能保持身體溫暖，尤其是在伸展運動的階段更是如此。

暖身範例

400 公尺或更短的暖身運動

- 最長可為 800 公尺
- 起跑
- 以較短距離（10 公尺）加速至最快速度，然後逐漸減速
- 練習形式
  - ■ 抬高膝蓋
  - ■ 腳跟後踢
  - ■ 跳躍
  - ■ 快速碎步
  - ■ 手臂擺動最大幅度
  - ■ 接力交棒

長距離（800 公尺或更長）的暖身運動

- 可以是 800 公尺或更長
- 在 100 公尺至 400 公尺階段，加快比賽速度－最多重複 4 次
- 練習形式（和短距離暖身相比較不重要）
  - ■ 跳躍
  - ■ 快速碎步
  - ■ 抬高膝蓋
  - ■ 腳跟後踢

伸展運動

柔軟度對運動員在訓練和競賽中發揮最佳表現來說至關重要。可以透過伸展運動（此為暖身的關鍵要素）來提高柔軟度。伸展運動後會伴隨簡單的有氧步行／快走／跑步，在訓練階段或競賽開始或結束時進行。

一開始先簡單伸展至張力點，然後維持姿勢達 15-30 秒，直到拉力降低。張力放鬆後，緩緩進行進一步伸展，直到再次覺得緊繃為止。再維持此新姿勢 15 秒。每次伸展都應重複 4-5 次，身體兩側皆是如此。

伸展運動時也務必維持呼吸。在您傾斜伸展時，請吐氣。達到伸展點後，在維持伸展姿勢時記得保持呼吸。伸展運動應是每個人的日常運動。定期的日常伸展被證實具有以下效用：

1. 增加肌腱單位的長度
2. 增加關節活動度
3. 減少肌肉緊繃
4. 發展身體意識
5. 促進循環提升
6. 讓您感到舒服

部分運動員（例如患有唐氏症的運動員）的肌肉張力可能較低，使得容易被誤以為柔軟度較佳。請小心不要讓運動員伸展超過一般安全範圍。有些伸展動作所有運動員操作起來都十分危險，因此不應列入安全伸展活動中。這些不安全的伸展動作包括以下幾種：

- 脖子向後彎曲
- 身體軀幹向後彎曲
- 脊椎滾動
- 內、外側膝蓋彎曲

只有在正確執行伸展動作時，伸展運動才能發揮效果。運動員必須專注於正確的身體姿勢和線條。以小腿伸展為例，許多運動員並未將腳保持朝向跑步時的方向。

如同您想像，有很多一系列及各種樣式的伸展能達成您要的目標。然而，請注重主要肌肉群的部分基本伸展運動。在暖身過程中，指出常見的錯誤、示範修正動作，然後指出哪些是偏向訓練活動的特定伸展運動。此外，請提醒運動員在伸展運動時保持呼吸。從身體最底端開始，然後延伸活動至手臂和脖子。

指導重點

☐ 嘗試降低運動員／教練人數比。

☐ 教練和助理應確保運動員有效進行伸展運動，且不對其造成傷害。這可能需要提供直接且一對一的肢體協助，尤其是能力較低的運動員更為如此。

☐ 部分伸展運動需要良好平衡感。若難以保持平衡，請使用坐姿或躺姿的伸展運動。

☐ 教練應照顧無法正確伸展的運動員，也要給予有效伸展的運動員個別關心和加強。

☐ 將伸展運動做為與運動員間的「指導時間」。説明每項伸展運動的重要性，以及對應伸展的肌肉有哪些。接著，請向運動員詢問為什麼伸展運動如此重要。

下半身

小腿肌肉伸展

- 面向前站立，是否穿著雪鞋皆可，腳趾朝前
- 將單腿放在前方
- 稍微彎曲前腳
- 後腿腳踝彎曲

呈屈膝的小腿肌肉伸展

- 與小腿肌肉伸展相同，但；
- 屈膝以緩解壓力

站姿腿後肌伸展運動

- 將單腿放在前方（腳後跟著地，鞋頭指向前方），另一腿屈膝，腳後跟平踩於地上
- 不要固定雙腿
- 向後坐在腳後跟上

- 若您運動員的柔軟度增加，要求縮短前後腳的距離

站立跨式伸展運動

- 將雙腳分開，與肩同寬，有無穿著雪鞋皆可
- 背部打直向前彎曲，臀部向後
- 順著腿向地面伸直，直到感覺肌肉伸展

站立四頭肌伸展

- 單腳貼地站立
- 另一腳膝蓋彎曲，腳朝臀部延伸，同時以手抓住腳踝
- 將腳掌直接往臀部的方向拉
- 請勿轉動膝蓋
- 可以獨自站著進行伸展，或借助夥伴或柵欄／牆壁來保持平衡

- 若伸展時膝蓋出現疼痛，且腳指向一側，請拉回腳掌以緩解壓力

踏階

- 腿彎曲，踏上輔助器材
- 將臀部推向輔助器材

體前彎

- 保持站姿，雙臂向外伸展過頭
- 腰部慢慢彎曲
- 在不緊繃的情況下，將雙手伸至腳踝高度

下背＆臀部肌肉

側腹股溝伸展

- 腳掌貼地站立，有無穿著雪鞋皆可
- 身體傾向一側，膝蓋微彎
- 另一腿保持伸直
- 換腳重複動作

臀部伸展

- 站立，有無穿著雪鞋皆可，將雙手放於下背處
- 將臀部向前推
- 頭向後傾

下犬式

- 跪姿，手位於肩膀正下方，膝蓋在臀部正下方
- 抬起臀部，墊起腳尖
- 將腳跟放回地上
- 輪流將單腳腳趾抬起，另一腳平貼於地面

上半身

擴胸

- 與夥伴一起執行，將單手／手臂放於夥伴身上
- 轉動胸部，臉朝外，不朝向夥伴
- 感到胸部獲得伸展
- 另一手臂重複以上動作

側面溝伸展

- 彎向一側，手是否高舉過頭皆可
- 感受側面伸展
- 另一側重複上述動作

肩膀伸展

- 手握住手肘
- 往另一側肩膀的方向拉
- 手臂可以伸直或彎曲皆可
- 另一側手臂重複上述動作

聳肩

- 將肩膀最上端抬向耳朵
- 向下放鬆肩膀

手臂繞圈　　　　　**頸部伸展**

- 向前大圈轉動手臂
- 重複向前和向後轉動

- 將頭從一側肩膀轉動至另一側肩膀，下巴隨時都要碰到身體
- 由於完整的圓圈會過度伸展頸部，因此不要這樣做
- 要求運動員從右、中至左轉動頸部。切勿要求運動員往後轉動頸部

伸展運動－快速指導原則

開始放鬆

在運動員放鬆且肌肉熱身後才開始伸展

系統性伸展

從下半身開始，然後一路向上伸

從一般動作逐漸轉為特定運動

從一般動作開始，然後逐漸轉為訓練專屬伸展運動

在進行發展性伸展運動前，先進行簡單伸展運動

緩慢且漸進式地伸展

請勿直接跳到後續伸展運動

採用多種伸展動作

保持伸展運動的趣味性。

善用不同運動來帶動相同肌肉

自然地呼吸

不要閉氣，保持平靜和放鬆

接受個別差異

所有運動員都是從不同等級開始進行伸展和進步

定期伸展

永遠保留暖身和緩和運動的時間

在家也要伸展

雪鞋運動教學

特殊奧運雪鞋運動是一項雪上的跑道賽跑比賽。雪鞋運動的其中一項吸引力就是十分簡單。只要您能行走便可以進行雪鞋運動！若您可以跑步，則可以進行更快的雪鞋運動。許多讓雪鞋運動更完善的技術十分細膩，而您可以透過此指南掌握技能，成為雪鞋專家。若您的運動員希望改善技能，則與練習和訓練息息相關。

雪鞋運動基本技能

以下內容清楚解釋相關技能，讓雪鞋初學者能發展並改善技能，成為有競賽性運動員。

穿上雪鞋

多數的現代雪鞋都有尼龍綁帶系統，應讓運動員在前往寒冷地方前，先在溫暖、乾燥的室內熟悉和掌握其用法。請務必告知運動員，切勿穿著雪鞋在硬質表面上移動。

技能進展－穿上雪鞋

您的運動員能否做到：	從未	偶爾	時常
能分辨雪鞋的左腳和右腳	☐	☐	☐
鬆開綁帶	☐	☐	☐
腳放在雪鞋的適當位置	☐	☐	☐
正確地繫緊綁帶	☐	☐	☐
總結			

指導重點

1. 先從右腳雪鞋來判斷左腳雪鞋。一般而言，多數鞋頭和腳後跟綁帶會拉向鞋外。
2. 鬆開綁帶，才有足夠的空間可以放入您的鞋子。
3. 將腳／鞋放在雪鞋上，讓腳底板前端蹠骨位置位於鞋頭繩帶上。
4. 多數的雪鞋綁帶在您由前向後繫緊綁帶後方能發揮最佳效果。
5. 將腳後跟綁帶以明顯的缺口或凹痕繞在鞋背上，通常能在鞋面與鞋底或鞋底中段相接的地方找到。將此綁帶從襪子上移開，以免刺激腿部，但應保持從底端向上的足夠高度，以防止綁帶滑落。
6. 拉緊綁帶（但不要過緊），以免掐住腳趾及／或限制移動和循環。
7. 在雪鞋運動暖身的 3-5 分鐘後，檢查綁帶的鬆緊度。
8. 若雪鞋未在步行或跑步時直朝前方，請重新調整雙腳在雪鞋上傾斜的位置，然後牢固的繫緊綁帶，讓雪鞋能直朝前方。

錯誤與修正－穿上雪鞋

錯誤	修正	演練參考
穿錯腳	與另一隻腳的雪鞋交換	重複穿著正確的雪鞋
雙腳在雪鞋上的位置不正確	正確地將腳放在雪鞋上	
雪鞋掉落	繫緊綁帶	重複繫緊綁帶
腳在繫上綁帶中仍能移動	繫緊綁帶	重複繫緊綁帶
移動時，雪鞋未直朝前方	重新調整雙腳在雪鞋上的位置	讓運動員在雪上移動，然後觀察足跡

脫下雪鞋

　　若要脫下雪鞋，只需將穿上雪鞋時繫緊綁帶的動作順序反向操作即可。應在手指溫暖時多次練習脫下雪鞋的技能。請務必告知運動員，切勿穿著雪鞋在硬質表面上移動。

技能進展－脫下雪鞋

您的運動員能否做到：	從未	偶爾	時常
鬆開綁帶	☐	☐	☐
將後腳跟綁帶往下，移開後腳跟	☐	☐	☐
將腳滑出綁帶／雪鞋	☐	☐	☐
總結			

指導重點

1. 鬆開所有綁帶。請勿完全拉出綁帶。

2. 將腳後跟綁帶往下移，脫離鞋／靴的後腳跟。

3. 減輕腳的重量，將腳滑出綁帶。

4. 另一隻腳重複以上動作。

5. 確認運動員只在戶外穿著雪鞋。

錯誤與修正－脫下雪鞋

錯誤	修正	演練參考
未脫下鞋子	放鬆綁帶	重複
腳仍與腳後跟綁帶相連	放鬆腳後跟綁帶	重複

向前移動

　　穿著雪鞋向前移動就跟行走一樣簡單。事實上，就是行走而已。向前移動就只是將單腳放向前，同時固定另一腳，並確認已經提起雪鞋，向前移動剛好就能將腳踝和另一隻雪鞋分開。務必避免雪鞋重疊，以免跌倒。若運動員能完全向前移動，則其便能進入跑步和衝刺階段。

技能進展－向前移動

您的運動員能否做到：	從未	偶爾	時常
不需協助，穿著雪鞋站立	☐	☐	☐
不需協助，向前移動	☐	☐	☐
步伐寬度加寬	☐	☐	☐
步伐速度加快	☐	☐	☐
總結			

指導重點

1. 首先，運動員站在非常平坦的地形上。

2. 向前移動第一隻腳。

3. 抬起第二隻腳向前，步伐要有雪鞋的寬度，以免碰及腳踝。

4. 將第二隻腳放在第一隻腳前。

5. 重複以上步驟

6. 若要更快速移動，請增加步伐速度及／或步伐寬度。

錯誤與修正－向前移動

錯誤	修正	演練參考
運動員需協助才能站立	提供雪杖或其他設備來協助運動員平衡	平衡訓練 雪上寫字訓練
運動員踢到腳踝	將雙腳分得更開	手動示範正確的技術

避免雪鞋重疊

腳上的裝備間必須隔有一定的距離，以避免雪鞋重疊。

若步伐間的距離太短，行走時發生重疊情況，，將前腿雪鞋的尾端放下，然後壓低後方雪鞋的框架。若雪鞋運動員嘗試將後方雪鞋移向前方，並抬起離地以再次邁開另一步時無法成功，是因為後方雪鞋發生重疊情況，所以被釘在地上。

雪鞋運動時，首先要學習的技術即是避免發生重疊情況。雪鞋重疊通常會發生在較慢速和行走時。技術上，穿著雪鞋時，跑步會比行走更容易，這是因為跑步時腳上裝備間的步伐和距離會較長。但即使是跑步，也可能因為運動員的間距過短而無法有間隙。

可能會導致雪鞋重疊的情況：

1. 腿較短的運動員
2. 較深或較鬆的雪地
3. 上坡
4. 疲勞
5. 行走時，腳趾未指向前方
6. 從靜止位置開始加速的前幾步過短
7. 腳放在雪鞋上的位置不正確

資深雪鞋運動員知道這些情況，且能以簡單的技術補償錯誤：將雙腳分得更開，以避免發生重疊現象。分開距離不用太多，只需要保持雙腳間的距離約 5-6 英寸，即可分開 8 寸寬的雪鞋。多數人行走或跑步時，最佳生物力學是將一腳放在另一腳前方。部分運動員應著重於持續分開兩隻雪鞋以利移動。

技能進展－避免雪鞋重疊

您的運動員能否做到：	從未	偶爾	時常
在不踩到另一隻雪鞋的情況下行走	☐	☐	☐
在不踩到另一隻雪鞋的情況下加速慢跑	☐	☐	☐
總結			

指導重點

1. 確認腳在雪鞋中的擺放位置正確。
2. 示範重疊時會發生的情況。
3. 說明步伐較窄時會導致的情況。
4. 穿著雪鞋以剛好能分開的距離移動。
5. 向運動員展示軟雪地上的痕跡，顯示什麼樣的間隙夠寬。
6. 透過查看起跑、爬坡、深雪和疲勞時的痕跡，展示多種步伐寬度
7. 讓運動員適應環境和進行練習。

錯誤與修正－避免雪鞋重疊

錯誤	修正	演練參考
運動員踩在雪鞋上	• 將雙腳稍微分開 • 步伐寬度加寬	建立雪道訓練－要求運動員跟隨教練的步伐。 讓不同運動員帶領大家建立雪道。
運動員絆倒和跌倒	• 將雙腳稍微分開 • 步伐寬度加寬	跟隨教練，使用同一條跑道 雪球遊戲

煞車

　　許多運動員可能因為沒有煞車技能，產生因滑行運動（滑冰、滑雪）所導致的跌倒或不愉快經驗，因此會害怕光滑的雪面。可能要到雪鞋運動員第一次登上山丘時，寒風刺骨又拒絕下山，您才會發現這個問題。

　　雪鞋煞車和未穿著雪鞋跑步或行走時的煞車一模一樣。若運動員的腳步／步伐越來越小，且速度加快直到他們不需再進行任何動作時，就必須減速。

技能進展－煞車

您的運動員能否做到：	從未	偶爾	時常
隨著距離增加，逐漸縮小步伐寬度和減速	☐	☐	☐
平穩的煞車	☐	☐	☐
不需協助即可煞車	☐	☐	☐
總結			

指導重點

1. 幾個步伐後，逐漸縮小步伐間距和放慢速度。
2. 教導運動員保持重量在前方，不要放在雪鞋尾端。
3. 教導運動員不要使用其他物體來煞車。
4. 逐漸放慢速度，不要突然停止。
5. 向運動員說明雪鞋的滑行方法和滑雪不同。

錯誤與修正－煞車

錯誤	修正	演練參考
運動員持續跑步	向運動員說明應煞車的時機	停止哨音或命令（停止和前進的訓練） 鬼抓人遊戲
運動員絆倒或跌倒	運動員應逐漸減少腳步和速度	練習正確的煞車技術 鬼抓人遊戲
運動員後傾太多	腳趾向下	踮腳行走

跌倒

在您開始雪上訓練前，務必教導運動員跌倒的正確方式。跌倒是雪鞋運動中自然發生的一部分，而以正確方式跌倒可以避免受傷。花點時間與運動員溝通，讓對方知道發生跌倒是很正常的。透過練習跌倒，運動員在真的跌倒時便不會太過擔心。請確認在練習跌倒前，運動員已穿戴正確的保護裝備。

在雪鞋運動中跌倒所帶來的傷害，有 90％是手腕和肩膀受傷。這些傷害多數是在雪鞋運動員以不正確的姿勢向前跌倒時發生。請與您的運動員共同練習這些動作。從膝蓋開始，接著讓自己向前跌倒在前臂上。前臂稍微離開身體，手肘彎曲（起跑和跌倒姿勢的圖片）以承受重量。讓您的前臂先碰到地板。嘗試抵抗倒向地面的力量，或將雙手放在前方。當接觸到地板，便能以雙臂吸收跌倒的力量。您可能要與運動員一起練習此動作，直到對方能完全流暢地進行動作。

技能進展－跌倒

您的運動員能否做到：	從未	偶爾	時常
安全地跌倒	☐	☐	☐
注意跌倒時的手臂和雙手擺放位置	☐	☐	☐
總結			

指導重點

1. 強調跌倒可以是很安全的動作。

2. 強調在跌倒時應保持手肘彎曲且靠近身體。

3. 教導運動員如何抱膝翻滾（以肩膀翻滾）。

4. 確認運動員無肢體受傷。

錯誤與修正－跌倒

錯誤	修正	演練參考
運動員未正確跌倒	教導運動員如何跌倒	跑步時，聽口令跌倒
運動員跌倒時呈雙臂展開姿勢	教導運動員保持手肘彎曲且靠近身體	靜止時，聽口令跌倒

爬起

　　由於跌倒是雪鞋運動中的常見議題，因此務必教導運動員如何從雪中爬起。若發生多次，爬起可能比跌倒更令人沮喪，尤其當運動員身處斜坡時更是如此。運動員爬起來的最簡單方式是從跪姿爬起，然後慢慢起身至站立姿勢。

　　即使是身體條件良好的運動員也可能難以在跌倒後爬起來。請務必持續練習直到運動員熟悉此動作。課程期間，要求運動員在跌倒後練習爬起動作是個好主意。同時，也務必確認運動員不會因為太常爬起來而感到筋疲力盡。若有此情況，您可以提供更多協助。

技能進展－爬起

您的運動員能否做到：	從未	偶爾	時常
正確爬起	☐	☐	☐
在合理的時間內爬起	☐	☐	☐
總結			

指導重點

1. 若運動員完全跌倒在地，請滾向一旁。

2. 以雙手和膝蓋爬起。

3. 抬起一邊膝蓋，然後將鞋底放在雪上。

4. （若有使用雪仗）將雪杖放在前方並站起來。

5. 若無雪杖，必要時，運動員可將手放在膝蓋上以幫助自己恢復站立姿勢。

6. 確認運動員無肢體受傷。

錯誤與修正－爬起

錯誤	修正	演練參考
運動員未爬起	確認運動員執行每個步驟	爬起步驟
運動員未正確爬起	加強爬起步驟	爬起步驟
雪鞋未指向相同方向	將雪鞋指向相同方向	加強修正雪鞋方向
雪鞋變鬆或掉落	更換雪鞋	正確穿著雪鞋
運動員花太久時間才爬起	加強時間限制	計算爬起時間

轉向

　　只要不急轉彎或速度過快，則穿著雪鞋進行轉向就像未穿著雪鞋步行或跑步一樣簡單，只需要讓每個連續步伐都朝運動員要走的方向前進即可。

　　高速或急轉彎（90 度或角度更大）時，由於多數雪鞋的「邊緣」處理不佳，部分雪鞋可能會滑向側面。此情況下，運動員必須將雪鞋底放在雪上，而非斜插進雪中。目的是在運動員將身體其他部分傾斜向急轉彎處，或以高速保持平衡時，讓雪鞋以特定角度保持與雪地接觸。為了解決這個問題，運動員應該專注於以腳的蹠骨（前腳掌）落地，而不要讓雪鞋傾斜一定的角度。

技能進展－轉向

您的運動員能否做到：	從未	偶爾	時常
採取連續步伐轉至一側	☐	☐	☐
保持雪鞋平穩且平衡	☐	☐	☐
轉彎時不會引起鞋尖或鞋尾重疊	☐	☐	☐
總結			

指導重點

1. 教導運動員以連續步伐轉至一側。
2. 教導運動員以腳的腳底板前端蹠骨位置落地，將雪鞋底平貼於雪地上。
3. 教導運動員不要造成雪鞋的尖端和尾端重疊。
4. 教導運動員不要穿著雪鞋倒退，要進行 180 度轉向時，應以小步伐進行轉向。

錯誤與修正－轉向

錯誤	修正	演練參考
運動員僅能以單一方向轉向	教導運動員如何以另一方向轉向	練習相反方向轉向 雪球遊戲－將雪球放在圓圈中，然後讓雪球以另一方向行進
運動員需要很大的空間才能轉向	教導運動員採取較小的連續步伐	設立塔門以強化正確轉向 雪球遊戲－將雪球緊放在一起，然後排列同向，以鼓勵運動員採取小轉向
轉向時發生重疊情況	教導運動員增加步數，並減少步伐的角度	練習轉向 雪上寫字練習
運動員後傾太多	腳趾向下	踮腳行走
運動員試圖倒退	教導運動員不要倒退	設立塔門以強化正確轉向

爬坡

　　能爬上山丘讓雪鞋運動變得有趣。雪鞋是用一己之力登上白雪覆蓋的山丘最快也最簡單的方式。根據雪況和山的大小不同，爬坡可有許多不同方式。所有相關技術都可以在雪或沙上達成。

技能進展－爬坡

您的運動員能否做到：	從未	偶爾	時常
採用較短的步伐	☐	☐	☐
避免雪鞋重疊	☐	☐	☐
將重心保持在身體前方和腳底板前方蹠骨的位置	☐	☐	☐
爬山時不會滑倒或跌倒	☐	☐	☐
攀登中等山丘時不需用手	☐	☐	☐
使用雙臂帶動身體做為登上山丘的力量	☐	☐	☐
必要時可使用滾落線	☐	☐	☐
能識別滾落線	☐	☐	☐
總結			

指導重點

1. 讓運動員知道滾落線在哪裡（即球體從山上滾下來時的路線）
2. 滾落線通常是登上山丘最直接的路線。
3. 採用較小的步伐，保持頭抬高。
4. 將重量保持在腳的腳底板前方蹠骨位置上。
5. 保持雙腳打開，避免雪鞋重疊。
6. 以鞋頭戳洞，將防滑釘推入雪中，以獲得更佳的牽引力。
7. 使用雙臂做為登上山丘的力量。
8. 稍微傾向山丘方向
9. 若為短陡且覆蓋鬆雪或深雪的山丘，利用雙手向前爬行以獲得平衡和牽引力將十分有幫助。

錯誤與修正－爬坡

錯誤	修正	演練參考
運動員停在山底	教導運動員維持衝力	重複 在微斜的山坡上踩踏
運動員向後滑倒	教導運動員向前傾	重複 在微斜的山坡上踩踏
發生雪鞋重疊情況	將雙腳分得更開	跟隨教練，使用同一條跑道 建立雪道訓練 雪上寫字訓練
運動員爬行登上山丘	繫緊綁教導運動員要站直帶	要求運動員雙手握住物品
運動員採取循環路線	教導滾落線	• 跟隨教練，使用同一條跑道 • 將球滾下山以強調滾落線 建立雪道訓練 狐狸追逐遊戲
運動員採取大步伐	教導運動員採用較小的步伐	雪球訓練

下山

善用正確技巧即可安全地下山。

技能進展－下山

您的運動員能否做到：	從未	偶爾	時常
將重心保持在身體前方和腳底板前方蹠骨位置上	☐	☐	☐
保持牽引力	☐	☐	☐
保持平衡	☐	☐	☐
保持膝蓋微彎	☐	☐	☐
避免發生雪鞋重疊情況	☐	☐	☐
跑步下山	☐	☐	☐
必要時應使用滾落線	☐	☐	☐
必要時能識別滾落線	☐	☐	☐
總結			

指導重點

1. 不要向後傾。

2. 試著保持上半身與坡度垂直，腳趾朝下，以保持牽引力。

3. 雙臂向外延伸以保持平衡。

4. 保持膝蓋彎曲，以減緩衝擊。

5. 跑下山是最容易獲得最多牽引力的方式，且能避免雪鞋重疊；若為結冰的斜坡務必跑下山。

6. 比起穿越斜坡，在白雪覆蓋的山丘上沿著滾落線下山是最簡單的方法。

7. 避免步伐過大。不要太向前傾以及採用較短且快的步伐來分散步伐和減速。

錯誤與修正－下山

錯誤	修正	演練參考
運動員停在山頂	教導運動員維持衝力	重複 踏腳訓練
運動員向後傾	教導運動員向前傾	重複
發生雪鞋重疊情況	將雙腳分得更開	跟隨教練，使用同一條跑道 建立雪道訓練
運動員未屈膝	教導運動員屈膝	跳躍和蹦跳
運動員坐著滑下山	教導運動員站直	重複
運動員採取循環路線	教導滾落線	• 跟隨教練，使用同一條跑道 • 將球滾下山以強調滾落線 建立雪道訓練 狐狸追逐遊戲
運動員的步伐長度不正確	教導運動員採用較小或較長的步伐	雪球訓練

衝刺起跑

　　由於運動員想在比賽開始時有力且快速地出發，因此正確的衝刺起跑可以帶來不同效果。

　　衝刺起跑中，運動員會將「施力腳」放在前方，以強力發動動作。若要決定哪一隻為施力腳，只要讓運動員假裝踢球即可。用來支撐身體的是前腳（即施力腳）。另一個決定方式是站在運動員身後，然後輕推對方。運動員向外踏出的即是起跑時的後腳。

技能進展－衝刺起跑

您的運動員能否做到：	從未	偶爾	時常
識別起跑線	☐	☐	☐
將雪鞋正確放在起跑線後	☐	☐	☐
施力腳（前腳）朝前，雙腿應站在正確的位置	☐	☐	☐
了解「起跑」口令	☐	☐	☐
臀部微向前傾，且前膝蓋微彎	☐	☐	☐
正確擺放手臂位置	☐	☐	☐
以最小的動作來保持起跑姿勢	☐	☐	☐
後腿向前推動	☐	☐	☐
前腿後推	☐	☐	☐
保持低姿勢，利用雙臂帶動身體	☐	☐	☐
採用較寬的步伐來避免雪鞋重疊	☐	☐	☐
在加速階段改變姿勢	☐	☐	☐
總結			

指導重點

起跑線上

1. 站在起跑線後，放鬆，施力腿在前，將雪鞋尖端放在線後。

「預備」口令

2. 臀部微向前傾，且前膝蓋微彎（約為 120 度），將重量放在前腳的腳底板前方蹠骨位置上。

3. 穩住相對側的手臂，從前腳彎曲到身體前方。

4. 將另一隻手臂向後拉，稍微越過臀部，然後彎曲手臂。

5. 盡可能站立不動。

「出發」口令

6. 將後腿向前推，以膝蓋帶動身體，前臂向後擺動。

7. 用力推出腳的腳底板前方蹠骨位置，然後用力將後側手臂向前擺動。

8. 保持低姿勢，利用手臂來帶動身體向前。

9. 離開起跑線時請採取較寬的步伐，以避免發生雪鞋重疊情況。

加速至最高速度

10. 使用短且快的步伐離開起跑線，隨著速度增加，也增加步伐長度。

11. 逐漸改為更為直立的衝刺姿勢。

錯誤與修正－衝刺起跑

錯誤	修正	演練參考
運動員在鳴槍後站直	• 注意前 2-3 步 • 保持低姿勢	在運動員前方 2-3 公尺處的跑道上標示記號，讓他們能注意到。
前腿未正確彎曲	前膝微彎，然後向前傾	觀察
手臂位置不正確	將手臂移至正確位置	觀察
離開起跑線時沒有爆發力	運動員的前腿必須用力推離雪地	單腳起跑發動 鬼抓人遊戲
運動員在起跑時滑倒	強調雪鞋的正確位置和推力	觀察 踏腳訓練
運動員絆倒或跌倒	採用較寬的步伐以避免雪鞋重疊	觀察
運動員失去平衡	• 較小的步伐 • 早點從傾斜姿勢回正	平衡訓練 雪上寫字訓練
運動員太早或不夠早抬頭	調整運動員應抬頭的時機	在跑道上做記號，要求運動員看著記號直到要抬頭為止
運動員未加速至速度極限	從短且快的步伐轉為較長的步伐，以增加速度	雪球訓練

衝刺

　　衝刺是一項盡可能要跑得快的藝術。在運動員的雙腿移動更快速以利用更高速率推進時，就會產生衝刺。衝刺時，運動員會踏出更多及／或更長的步伐。衝刺也是一項機械性身體動作，若運動員動作順暢，便可以隨之改進動作。

技能進展－衝刺

您的運動員能否做到：	從未	偶爾	時常
保持直立姿勢	☐	☐	☐
以腳的腳底板前方蹠骨位置推離雪地	☐	☐	☐
落下的腳向後踩在身體下方	☐	☐	☐
帶動膝蓋向上，讓大腿呈水平	☐	☐	☐
維持直立姿勢，同時身體微向前傾，而不是腰部向前傾	☐	☐	☐
不轉動肩膀，雙臂前後擺動	☐	☐	☐
比賽全程都能控制衝刺動作	☐	☐	☐
總結			

指導重點

1. 以直立方式跑步，讓每一跨步都有最大距離。

2. 前臂和上臂呈 90 度。

3. 每一步都（前後）擺動雙臂。

4. 手臂和腿的動作應同步。右臂向前時左腿應向前。

5. 增加步伐寬度或頻率，或增加兩者，都能提高速度。

6. 保持在跑道上（25 公尺、50 公尺和 100 公尺）。若為其他比賽，運動員必須持續向前移至內側跑道。

您在衝刺時，身體的動作為何？

頭部	頭擺正，雙眼注視終點 放鬆下顎和臉部肌肉
肩膀	放鬆，稍微或不旋轉以保持肩膀直線
手部	雙手握拳，不要太緊，姆指向上
手臂	用來保持平衡 向上或向外推高，但不要越過身體
腳	腳趾朝向正前方

錯誤與修正－衝刺

錯誤	修正	演練參考
轉動和旋轉手臂和肩膀	維持軀幹朝向運動員跑步的方向	在標記上跑步
運動員未以直立姿勢跑步	完全延伸步伐	跳動和大步伐
運動員非常緊張，拳頭緊握，上半身僵硬	練習放鬆地跑步，並正確呼吸	分解跑步動作，並試著分解跑步模式 接力賽訓練
頭部左右移動	不要移動頭部，眼睛看向前方	注視終點線或前方一段距離處
跑太慢	增加步伐寬度或步伐頻率	快腿訓練和跳動 下山衝刺 兔子和獵犬式訓練 鯊魚和米諾魚式訓練

接力賽

接力賽是雪鞋運動中的「團隊」比賽。這是一項藝術，旨在盡可能快速地跑且同時與下一棒跑者成功接力。接力賽能發展團隊情意和默契。接力賽隊伍包含 4 名隊友，應依序沿著跑道前進。若要完成成功的「交棒」（或「交換」），交棒跑者將手伸向接棒跑者時，兩名選手都應在接力區中完成交棒動作。

技能進展－接力賽

您的運動員能否做到：	從未	偶爾	時常
識別隊友	☐	☐	☐
識別起跑線	☐	☐	☐
識別交接區	☐	☐	☐
辨識已發出的交接棒訊號	☐	☐	☐
交接棒時留在接力區中	☐	☐	☐
安全地離開跑道	☐	☐	☐
總結			

指導重點

1. 接棒運動員應在接力區前數公尺開始準備接棒。
2. 接棒運動員站以預備姿勢站立，身體稍微轉向，手臂延伸至後側，手心向上。
3. 接棒運動員應注意交棒隊友。
4. 交棒運動員抵達接力區或預定點時，接棒運動員應開始向前移動。
5. 交棒隊友跑向接棒運動員伸出手臂的那一側，然後交棒至接棒運動員的手上。
6. 交棒運動員持續直線移動，直到逐漸停止。
7. 交棒運動員轉向確認沒有其他接近的運動員。跑道清空時，可離開跑道進入場地內圈。

錯誤與修正－接力賽

錯誤	修正	演練參考
交棒運動員交棒給對手	交棒運動員應確認正確的隊友是誰	識別訓練 兔子和獵犬式訓練
在接力區外交棒	讓運動員回到原位；接棒運動員可能需重新起跑	練習
交棒運動員難以進行交棒	接棒運動員的手應伸長並維持不動	練習 強化手臂
運動員離開跑道時，妨礙其他雪鞋運動員	逐漸減速，持續向前，離開前確認跑道情況	模擬情況，並練習正確離開跑道 狐狸追逐訓練

長距離雪鞋

　　這是距離較長的雪鞋比賽，能真正測試運動員的耐力。若訓練和比賽環境不佳，則長距離雪鞋運動就是結合了心肺耐力和抗風寒的耐力。這些活動需要特殊訓練，以確保運動員能具有長距離訓練和比賽的耐力，且沒有受傷風險。

技能進展－長距離雪鞋

　　長跑是有氧耐力的技能

您的運動員能否做到：	從未	偶爾	時常
跑較長距離	☐	☐	☐
了解定速的概念	☐	☐	☐
為自己定速	☐	☐	☐
保持直立姿勢	☐	☐	☐
在比賽期間維持姿勢	☐	☐	☐
保持受控且放鬆的手臂動作	☐	☐	☐
保持不聳肩，且手肘不向內縮	☐	☐	☐
保持身體放鬆	☐	☐	☐
總結			

指導重點

1. 保持站立的高姿勢。
2. 受控且放鬆的手臂動作。
3. 保持不拱肩，且手肘不向內推。
4. 在整個比賽距離中，嘗試維持相同速度。
5. 保持身體放鬆。
6. 必須有適當的有氧環境－運動員應先增加持久力，然後才提高強度，以提高訓練。

錯誤與修正－長距離雪鞋

錯誤	修正	演練參考
跑者向後傾	站立不動，看向前方	跳動和大步伐
跑者看起來在上下晃動	保持身體放鬆；眼睛看向前方	觀察 接力賽訓練
上半身轉動	保持軀幹朝前，面向運動員跑步得方向	在標記上跑步
運動員非常緊張，拳頭緊握，上半身僵硬	練習放鬆地跑步，並正確呼吸	分解跑步動作，並試著分解跑步模式 兔子和獵犬式訓練
比賽期間的速度不平均	比賽時定速移動	法特雷克（變換速度）訓練；繞圈時計時

弧線起跑

　　若為包含轉向、200（含）公尺以上和接力賽的比賽，會使用弧形的「弧線」起跑線，因此所有跑道上的雪鞋運動員在首回合開始時，在起跑線上的位置距離相等。雪鞋運動員從內側跑道或第一條跑道開始依序排隊，這條跑道會留給最快的運動員。

技能進展－弧線起跑

您的運動員能否做到：	從未	偶爾	時常
認識弧形起跑線和線上的正確位置	☐	☐	☐
認識跑道第一個轉角的最短路徑	☐	☐	☐
保持前往第一個轉角的直接路徑，同時注意其他雪鞋運動員和潛在碰撞及／或阻擋情況	☐	☐	☐
總結			

指導重點

1. 雪鞋運動員應確實了解起跑和超越技能,這兩件都是必備技能。
2. 雪鞋運動員應在起跑線上定位,讓自己能朝向第一個轉角的目標點。
3. 目標點應為運動員在起跑線定位時,能看到沿著跑道最內緣的最終點。
4. 雪鞋運動員必須能判斷與前方和旁邊運動員間的最短距離,以避免發生碰撞和阻擋。

比賽開始後,雪鞋運動員應根據相對於其他雪鞋運動員的位置,採取最短路徑前往目標點。此階段可能會發生超越行為,但一般會規定運動員應從右側超越。較長的路徑可以確保雪鞋運動員會在直線跑道上等待超越,以縮短完成超越所需的距離。

定速

　　雪鞋運動員要學習的技能中，其中一項最難的進階技能是定速。在所有比賽階段中，保持一致速度比不平均速度更為有效且迅速。尤其是對較長距離的比賽（800公尺及以上）而言，正確定速更為重要。依據運動員的技能和能力等級，定速在短如 100 公尺的比賽中也可能十分重要。

　　由於比賽中的其他許多運動員通常不會以正確定速跑步，因此有時很難讓運動員運用正確的定速概念。多數運動員因為有氧和生理能力的緣故，會起跑過快，然後中間突然減速，接著衝刺到終點。在掌握所有雪鞋基本技能後，練習改善體適能和訓練便成為必要項目，讓運動員能在比賽期間保持更快的步伐，直到結束為止。

技能進展－定速

您的運動員能否做到：	從未	偶爾	時常
以不同速度進行雪鞋運動	☐	☐	☐
分辨以不同速度進行雪鞋運動間的差異	☐	☐	☐
在進行雪鞋運動超過 100-400 公尺時，保持一致速度	☐	☐	☐
分辨以不同速度進行雪鞋運動的成效差異	☐	☐	☐
在到達比賽距離的一半到四分之三時，維持一致速度	☐	☐	☐
在比賽最後四分之一時，即使疲勞也要保持或增加比賽步伐	☐	☐	☐
總結			

指導重點

1. 確認您的運動員能確實以不同速度移動，且獨自完成。若您或其他人在一開始能與運動員一起進行雪鞋運動，展示不同速度和步伐，將會十分有幫助。但請了解，運動員最終仍必須學著獨自完成這項技能。

2. 強調在較長的比賽中，起跑時最快的運動員不一定就是贏家。

3. 無經驗的運動員在較長比賽中，常會以最快起跑者的步伐開始比賽，接著出現氧債（呼吸不順暢），除了體適能最佳的運動員外，所有跑者都會減速。其他這些跑者都必須減速直到恢復為止（但從未完全恢復），然後再重新以各自的步伐上限快速移動。這是非常痛苦且無效的長距離比賽方式。

4. 強調在整個比賽期間維持一致的步伐和速度通常能創造最快的完成時間。隨著疲勞累積，保持較高平穩速度所需的精力將增加。舉例而言，比賽最後 25％距離會使用超過 50％的精力。

5. 運動員應在較長的比賽初期階段保持最好的比賽狀態和速度，然後在比賽後期專注於與其他運動員競賽。強調比賽開始時的技巧是讓以理想的平均速度跑步，而這時可能需要讓其他運動員取得領先。

6. 教練應決定運動員在比賽中的理想步伐，應以何種速度移動，或「目標步伐」為何。採用運動員在以一定距離內的最佳時間，然後將時間分成數個較短距離階段，再平均地組合為較長距離。這會讓您知道要努力達成的每距離時間速度。若為 400 公尺比賽，較短的距離通常為 100 或 200 公尺；若為 800 公尺或 1600 公尺比賽，較短的距離通常為 200 或 400 公尺；若為 5 公里或 10 公里比賽，較短的距離通常為 400 或 1000 公尺。

7. 800 公尺最佳時間為 4 分鐘的跑者應保持 1 分鐘 200 公尺，以維持比賽的平均步伐。原因是 800 除以 200 等於 4，而 4 分鐘除以 4 等於 1 分鐘。

8. 5 公里最佳時間為 32 分鐘的跑者，每公里應為 6 分 24 秒，或每 400 公尺為 2 分 56 秒。

9. 若運動員能從教練處獲得中間分段時間，這些目標速度／距離時間是讓運動員練習平均定速的關鍵工具，且若運動員要測量其在較長比賽中的進度，這也十分實用。優秀的教練會在較長比賽中掌握運動員的每一步，然後記錄中間分段時間以供後續分析。

10. 長距離雪鞋運動員的訓練應包含以整段距離中要保持的速度，來多次重複應用在一定的較短距離上，並在各段中間休息。例如，1600 公尺最佳時間為 10 分鐘的雪鞋運動員，要以每 400 公尺 2 分 30 秒的速度來進行 6 次 400 公尺的訓練，然後在這 6 次重複訓練期間，每次都慢跑 200-400 公尺。

11. 隨著體適能提升，運動員便可以提高這些重複訓練的次數，以及／或減少其中休息的時間／距離。運動員可以在改善最佳時間後提升速度。

12. 教練應留意，若運動員學會如何正確定速，其平均距離最佳時間在一開始可能會迅速改善。若為新手雪鞋運動員，目標速度是可以產生每週／每日變化的指標，但對資深運動員來說，這項指標會傾向不變。

13. 注意在比賽時會經過的雪地環境、天氣、山丘和地形這些都會影響運動員的表現。運動員最終應學習如何依據能力而非速度來安排步伐。

錯誤與修正－定速

錯誤	修正	演練參考
運動員快速起跑，然後突然減速	以目標速度，較慢地開始起跑，忽略起跑點的其他參賽者	練習目標速度，要求不同能力的運動員一起練習，但重複以各自的目標速度跑步。要求運動員進行兩次較短比賽時間的訓練：一次是以平均速度跑步，另一次是前 25%以明顯過快速度起跑，然後減速，以與平均速度比賽相同的時間結束。接著再問運動員哪一種較為輕鬆 狐狸追逐訓練
運動員保持目標速度再減速	以調整後的較低目標速度起跑，以及／或改善體適能	整目標速度，以及／或進行更多雪鞋運動，以改善體適能和身體狀態
運動員保持目標速度但最後沒有進行衝刺	比起跑時稍微增加速度，從離終點較遠處開始與其他參賽者競賽，改善訓練以更快抵達終點	通過模擬衝刺至終點來練習，鼓勵運動員在比賽最後與其他參賽者競賽 兔子和獵犬式訓練
運動員以比目標速度慢的速度起跑，然後用力抵達終點	嘗試以比目標速度稍快的速度起跑，且應正確暖身	要求運動員以稍快於目標速度的速度，在超過四分之三比賽距離時進行平均速度時間訓練，讓運動員對自己有信心

超越

　　安全且有效的超越其他雪鞋運動者的能力，是所有雪鞋運動者都應了解且使用的技能。只有雪鞋運動在特殊奧林匹克冬季運動會中是大量起跑且運動員不需一直停留在跑道上的項目。「超越」是一種會在參賽者間產生相互影響的方式。

技能進展－超越

您的運動員能否做到：	從未	偶爾	時常
不需跟隨他人，可自行進行雪鞋運動	☐	☐	☐
知道什麼時候應進行超越	☐	☐	☐
辨識場上適合超越的地點	☐	☐	☐
移至其他雪鞋運動員正確的那一側以進行超越	☐	☐	☐
向前移動足夠距離在不干擾的情況下超越	☐	☐	☐
稍微加速以超越其他雪鞋運動員	☐	☐	☐
若在其他雪鞋運動員前方移動，能一眼判斷何時能取得兩步領先	☐	☐	☐
在其他雪鞋運動員前方移動然後繼續比賽	☐	☐	☐
總結			

指導重點

1. 在速度較快的雪鞋運動員追上較慢運動員，或雪鞋運動員跌倒或煞車時，通常會需要使用超越技巧。接近比賽終點時，有時明智的做法是發起超越，以便在領先的雪鞋運動員減速時，自己能在終點處暢通無阻。

2. 場地或跑道的直線區域是最適合超越的地方。彎道外側欲進行超越的雪鞋運動者會需要行經更多距離，因此會需要明顯增速來成功超越。雪鞋運動員應能在開始進行超越前，向前辨識場地前方情況。若場地很快變窄，則可能應等經過狹窄區域後，再開始超越。

3. 運動員應以足夠超越的距離來移至側邊，盡可能以下一彎道的內側做為此側邊。一般而言，跑道上的雪鞋運動員會保持在左側，因此必須從右側超越。若前方雪鞋運動員離開左側，且超越動作可以迅速完成，不會受擁有行進權的前方運動員阻礙的話，則可以從跑道左側超越。

4. 一般而言，您必須移動至少至雪鞋運動員旁至少 50 公分（20 英寸）以進行超越。只要不會明顯增加超越距離，更寬的距離當然更好。

5. 理想上，可以不用花費過多精力改變速度就能完成超越。通常完成超越需稍為加速，才能追上領先的雪鞋運動員以保持領先。

6. 若運動員未穿著雪鞋行走或跑步，超越的雪鞋運動員需要在移動超越前方運動員時，先獲得更多領先空間。超越的運動員必須稍微轉頭，看一眼以決定自己的領先程度是否足夠。一般而言，雪鞋運動員需要在不干擾的情況下，至少領先兩步或約 1.5 公尺（四又二分之一腳）。

7. 領先後，超越的運動員應恢復道自己的比賽狀態。這是指應移到場地的一側，以在下一次彎道時位處內側。超越的運動員不需擔心後方的其他運動員

錯誤與修正－超越

錯誤	修正	演練參考
運動員不願或害怕超越	超越	説明超越，練習超越以建立自信 鯊魚和米諾魚訓練
運動員試圖在轉向處的外側進行超越	在直線區域進行超越	説明轉向外側的距離較長，練習在直線時超越
運動員超越時太過靠近他人	超越時要留有空間.	以範例和練習來示範 接力賽訓練
運動員太快移至前方導致干擾他人	兩步（領先 1.5 公尺）後再移至前方	向運動員示範正確距離，練習超越和轉頭辨識
運動員超越後仍保持寬距離	恢復正常比賽	向運動員説明和示範「比賽在前方」，練習超越再恢復比賽

結束

　　結束比賽需要發展定速技能和時機，讓雪鞋運動員有機會在終點線前維持甚至提高速度。能有效利用結束技能的雪鞋運動員，相對於其他無耐力或能量進行最終「一擊」以抵達終點線的運動員，將能提升最終名次。第一位軀幹通過終點線的雪鞋運動員的分數會較高。

技能進展－結束比賽

您的運動員能否做到：	從未	偶爾	時常
了解依據其他雪鞋運動員的相對位置，必須進行最終「一擊」	☐	☐	☐
了解在距離終點線適當的距離前開始進行最終「一擊」	☐	☐	☐
開始最終「一擊」後，保持或增加速度以前往終點線	☐	☐	☐
若與其他運動員同樣非常接近終點時，將軀幹傾向終點線	☐	☐	☐
總結			

指導重點

1. 雪鞋運動員應十分了解速度和超越技能，兩者皆為必備技能。

2. 雪鞋運動員應能判斷與前方運動員的最大距離，以及追上和超越對方所需的距離。到終點線前，應有足夠距離迎接對方發起的超越挑戰。

3. 通常數公尺便足以迎接這類挑戰。若太早開始最終「一擊」和超越，則會提高其他雪鞋運動員重新取得領先的風險。

4. 衝刺比賽要求雪鞋運動員保持速度，且軀幹傾向終點線，這是比賽結束的規定。運動員應能向前傾斜剛好有利的角度，但又不會因傾斜太多導致失去平衡和向前跌倒或失去向前的速度。

5. 長距離比賽規定雪鞋運動員使用足夠的比賽速度，來維持與領先運動員間可接受的恢復距離。

雪鞋遊戲／訓練

只要經過一些調整，幾乎所有室外遊戲都可在雪上進行。想像力創造無限可能。遊戲應符合運動員的能力和年齡；比賽或技術性遊戲可能對初學者而言太過困難。可以變更遊戲名稱，讓遊戲在維持原則和技能的同時，更適合運動員等級。在多數遊戲中，不使用雪仗進行遊戲是個好方法。這些遊戲能在全年隨時協助進行訓練和協調。這些遊戲的目的不是取代技能訓練，而是結合一些有趣的活動來強化訓練經驗。

兔子和獵犬式訓練（亦稱為「追逐訓練」）

將配戴飾帶或彩帶的「兔子」放在開放空間。「獵犬」則要追逐兔子並蒐集彩帶做為獎勵。交換角色並重複遊戲。哪一隊可以蒐集最多的彩帶呢？

接力賽

兩隊跑者進行循環雪鞋運動，互相穿梭。在循環中加入多種地形，並增加每位運動員進行的總循環數。

變化：透過接力賽來練習雪鞋技能。例如：跑道指定的標記，移除和換下雪鞋，然後回到原位。

鯊魚和米諾魚（亦稱為「區域抓人遊戲」）

「米諾魚」在海灘上（即場地或開放空間的邊緣）排隊，一位「鯊魚」在海洋中（開放空間的中央）。米諾魚要嘗試透過雪鞋運動穿越場地，不能被鯊魚抓到。海灘是安全區域。若米諾魚被抓到就會成為鯊魚。持續進行遊戲，直到只剩下一位米諾魚為止。

鬼抓人（亦稱為「凍結抓人遊戲」）

在場地或開放空間中，將運動員隨機分散。選擇一位運動員擔任「捉鬼者」，其餘的為「鬼」。任何被捉鬼者抓到的鬼都會成為固定不

動的鬼屋，手臂和腿應在身體兩側。鬼屋在被鬼碰到或從手臂穿越後就能恢復自由。

狐狸追逐（亦稱為「雪道追逐」）

一位或一群雪鞋運動員在一位領導者的帶領下前往進行雪鞋運動，其他人稍後應嘗試沿著雪中的跑道來追蹤雪道。

雪中寫字

要求運動員試著透過在雪道中進行雪鞋運動，在雪中以大寫（草書）寫自己的名字，然後快速跑過去。

踩踏

每位運動員會在雪中獲得以線來劃定的區域，然後嘗試踩踏該區中的所有雪。進階運動員應該分到較大的區域。

雪道建立

未劃分成跑道的積雪達 4 英寸以上，部分為開放土地，就可以透過在未劃分成跑道的雪上進行雪鞋運動，來設計、建立和維持雪鞋雪道。您可以更快速且方便地勾劃出路線。這可以用來進行許多遊戲。

雪球訓練

教練將數個雪球放在地上。然後讓運動員嘗試踩上所有雪球。這項訓練可以依據雪球間的距離，來增進技能。

緩和運動

　　緩和運動和暖身一樣重要，卻時常受到忽略。突然停止活動可能會導致運動員身體中的血液堆積，並減緩廢棄物（乳酸）排除的速度。也可能會造成運動員抽筋、疼痛和其他問題。緩和運動能在下個訓練階段或競賽前，逐漸降低身體溫度和心跳速率，並加速恢復過程。同時，緩和運動是一段讓教練和運動員討論訓練階段或競賽的好時機。

活動	目的	時間（至少）
有氧慢跑	降低身體溫度，並逐漸降低心率	5 分鐘
輕度伸展運動	移除肌肉的廢棄物，並提高動作範圍	5 分鐘

修正與調整

競賽中，切勿為了符合部分運動員的特殊需求而更改規則。不過，有經許可的雪鞋運動輔助能滿足運動員的特殊需求，且規則中也允許。同時，教練也能透過調整訓練活動、溝通方式和運動器材來適應運動員的特殊需求，以協助運動員成功

修正

修正活動

修正活動中所需的技能，讓所有運動員都能參加。

適應運動員的特殊需求

運用鈴聲來協助視力受損的運動員。

修正您的溝通方式

不同運動員需要不同的溝通系統。例如，有些運動員能在您示範運動技能後獲得更佳學習成果和回應，另一方面，有些運動員則可能需要更多口頭溝通。有些運動員也可能兩種方式結合：需要看、聽甚至閱讀活動或技能說明。

修正器材

有些運動員可能會需要使用調整器材以符合特殊需求，才能順利參與特殊奧運。

調整

更具體的雪鞋調整項目如下所列。

肢體障礙

以旗幟及／或柵欄來標示場地。

聽覺障礙

　　起跑時使用旗幟或手勢。

視覺障礙

　　1. 使用顏色明亮的器材。

　　2. 使用鈴聲供視覺障礙運動員確認。

雪鞋運動的交叉訓練

在交叉訓練是一個現代詞彙，指的是技能替代，而非與比賽表現直接相關的技能。交叉訓練是從受傷復健而來，而現在也運用於預防受傷。若運動員的腿或腳受傷，讓他們無法參與訓練或比賽，則可以用其他活動替代，使運動員能維持有氧和肌肉的強度。運動員的交叉訓練為游泳池中的訓練方式、腳踏車和田徑運動。

對特定運動來說，此方式的價值有限且會產生交叉影響。進行「交叉訓練」的原因，是為了在劇烈運動的特定訓練期間避免受傷，並維持肌肉平衡。在運動項目中獲得成功的其中一項關鍵就是保持健康，並長期培訓。自行車與雪鞋不同，但若自行車在恢復穩定狀態日時，能減輕脛骨、膝蓋和臀部的壓力，則便可能可以讓下一次雪鞋訓練更為順利。為什麼呢？這是因為這能讓運動員免於受傷，並繼續雪鞋運動。交叉訓練能讓運動員以更佳的熱情和強度完成特定比賽的訓練項目，並減少受傷的風險。

游泳池訓練

要求運動員游泳，或在池中進行跑步動作。要求運動員以穩定的方式游泳至少 2 分鐘。使用救身衣或泳圈，讓運動員能以直立姿勢進行跑步動作。間隔 30-120 秒，動作和休息比例為 2:1。

腳踏車訓練

要求運動員騎腳踏車做為休息間隔期間和穩定狀態的訓練。運動員應在健身腳踏車或飛輪車上進行有氧和無氧訓練。運動員可以不同速度騎乘室外腳踏車 20 分鐘至 1 小時。

夏日運動交叉訓練

田徑運動

田徑是在冬／春／夏季訓練和比賽用的良好運動。田徑和雪鞋有許多相同的基本原則，例如跑步機制和能量系統。田徑和雪鞋在活動和比賽的建立原則上也有一些共同之處。

特殊奧運雪鞋教練指南
雪鞋規則、協議與禮節

目錄

雪鞋規則教學

　　雪鞋規則教學的最佳時機就是訓練期間。請參閱《特殊奧運運動規則》官方版本以了解完整的雪鞋規則。身為教練，您有責任知道和了解比賽規則。這和教導運動員相關規則以具有比賽精神一樣重要。以下是部分雪鞋運動規定。請保有《特殊奧運運動規則》官方版本和您所屬國家及／或國際聯盟的現有雪鞋規則。請在參與每一場比賽時都攜帶一份規則且確保運動員已經了解規則。

分組

　　身為教練，請務必在參加比賽前，先學習和了解分組規定和程序。了解分組程序會直接影響您運動員的表現。特殊奧運比賽和其他運動組織比賽的最基本差異，在於鼓勵所有能力等級的運動員參加比賽，且每位運動員都會因為表現而獲得肯定。比賽的架構完整，因此運動員能公平地與相同能力的其他運動員分在同一組。歷史上，特殊奧運建議應建立所有分組，讓同組中最高和最低分數的運動員差距不會超過 10％。這 10％並非硬性規定，但應用作指導原則，在適合運動員競賽時，協助進行公平分組。

　　教練是協助比賽管理小組進行分組工作的重要關鍵。若教練能提交初步分數，則可以完成最佳分組。這有助於讓運動員進入特定組別，以及獲得額外比賽經驗。

如何進行分組

　　運動員的能力是特殊奧運比賽分組的主要因素。運動員或團隊能力是由會前賽或種子賽或初賽的結果來決定。執行有競爭力分組的其他重要要素是年齡和性別。

　　理想上，若每分組包含 3-8 位有類似能力的競爭對手或隊伍時，就

會更加競爭。在某些情況下，有些比賽中的運動員或團隊數量會不足以達成以上目標。下文將描述建立公平分組的過程順序。

融合運動® 規則

此規則手冊列出特別奧運融合運動®比賽與《特殊奧運運動規則》官方版本的數個不同規則和相關調整內容。其他事項強調如下。

1. 名冊裡包含一定比例運動員和夥伴人數
2. 在雪鞋運動方面，融合運動隊伍包含能力相同的 2 名運動員和 2 名夥伴，會在 4x100、4x400 接力賽中競爭。

抗議程序

抗議程序規定於比賽規則中，且各項比賽皆有所不同。僅能就違規事項提出抗議，不得就裁判的判決或分組決定提出抗議。必須找出規則手冊中訂定的特定違規行為，且清楚定義教練認為未遵守規則的原因，才能提出抗議。

賽務管理小組的角色是強化規定。身為教練，您對運動員和團隊的義務是在運動員比賽時，就您認為違反官方雪鞋規定的任何行動或活動提出抗議。請絕對不要僅因個人或運動員沒有獲得期待的比賽成果便提出抗議。提出抗議是一項十分嚴謹的事項，可能會影響比賽行程。請在比賽前向賽務小組確認，了解該賽事的抗議程序。

雪鞋協議與禮節

進行雪鞋運動時的禮節和安全

- 進行雪鞋運動時，不要太靠近其他運動員
- 注意不要踩到其他運動員的雪鞋鞋尾。
- 若跌倒，儘快爬起來。
- 不要越過其他移動的運動員前方。
- 請記得，速度較快的雪鞋運動員有責任在超越其他雪鞋運動員或滑雪者時，提醒對方。
- 跌倒後，應填起雪上的洞。
- 讓道給初學者。
- 不得用器材攻擊他人。
- 遵守使用設施的規則；例如遠離非雪鞋運動指定的雪道。
- 留在有標記的雪道上。
- 穿著適當服裝。
- 一定要與其他人一起進行雪鞋運動。
- 請勿在指定的區域外穿著雪鞋。
- 未穿著雪鞋時，請將雪鞋放於適當處。

雪道規則（若使用雪道時）

1. 進行雪鞋運動時遵守規範。
2. 超越其他雪鞋運動員或滑雪者時，請小心進行。
3. 讓前方的人知道您要從哪一側（左／右）超越。
4. 從側邊雪道進入時，讓出右側。
5. 由於雪鞋比滑雪板或雪地車容易控制和訓練，因此建議雪鞋運動員在狹窄的雪道上，讓出右側給所有其他雪道使用者。
6. 不要在雪道狹窄處煞車。
7. 煞車時，不要擋住雪道。
8. 不要突然煞車，尤其是在迎面而來的運動員難以看見之處更是如此。
9. 重新起跑前先看清楚，不要從其他人前面離開。

標示

　　由於專供雪鞋運動使用的雪道很少，導致訓練和比賽可能會在越野滑雪道上舉行，因此請教導運動員相關標示代表的意思。

雪道記號

　　標準的越野滑雪道記號是天藍色鑽石。所有滑雪地區協會和多數政府機關都採用此記號。有些雪道也會使用數字、符號、字母和顏色編碼記號。例如，雪道難度標示包含最簡單的雪道為綠色圓圈、中等雪道為藍色正方形，最難的雪道則是黑色鑽石。

難度的相對程度

　　雪道告示、雪道地圖和每個雪道起點都有標示，指明該雪道在系統中的難度。滑雪區域難度標記的範例請參閱前文。

越野滑雪者和雪鞋運動員

此標示是用來指定該雪道是供越野滑雪者或雪鞋運動員使用。此標示會用在雪道起點、雪道上、雪道路口，以及書面資訊上。大多數雪道系統不會指出該雪道否專供越野滑雪者或雪鞋運動員使用。

注意或警告

這些標示有永久或暫時用途。「注意！」標示可為用來標記大水沖垮路面的暫時標示，或標記陡峭下坡或繁忙十字路口的永久標示。其他的警告標示則是一看就了解不用再說明的。警告標示應放在雪道告示、雪道起點和（若有需要）雪道上。

規範

以下標示使用來規定雪道使用情況。「雪道關閉」應使用於雪道告示上，若可以也應使用在雪道起點。其他規範標示（尤其是全年度標示），例如「禁止遛狗」或「狗狗雪道」，應使用在雪道板、雪道地圖和雪道起點上。滑雪區域也可能會以繩索或膠帶橫越阻擋雪道入口或交界處，標示為不可使用該雪道。

運動家精神

良好的運動家精神是教練和運動員都承諾會保持公平競賽、道德行為和誠信。從觀念和實務上而言，運動家精神被定義為具有寬宏大量和真正關心他人的特質。以下我們強調了數項有關如何教導和訓練運動員保有運動家精神的重點和想法。務必以身作則。

盡全力參賽

- 每次比賽都盡全力投入。
- 不論練習或比賽，都會卯足全力。
- 不要放棄任何一場比賽，堅持到最後。

保持公平競爭

- 永遠遵守規則。
- 永遠展現運動家精神和公平競爭。
- 永遠都要尊重裁判的決定。

對教練的期待

1. 永遠扮演參賽者和觀眾的模範。
2. 教導參賽者要有正確的運動家精神責任，並要求他們將運動家精神和道德倫理放在首位。
3. 尊重比賽裁判的判決，遵守比賽規則，且不要做出煽動觀眾的行為。
4. 以尊重的方式對待對手教練、主管、參賽者和觀眾。
5. 與裁判和對手教練公開握手。
6. 對不遵守體育精神標準的參賽者制定罰則並懲處。

對特殊奧運融合運動®運動員與夥伴的期待

1. 與隊友互相尊重。

2. 在隊友犯錯時鼓勵對方。

3. 尊重對手：在賽前和賽後都與對方握手。

4. 尊重比賽裁判的判決，遵守比賽規則，且不要做出煽動觀眾的行為。

5. 與裁判、教練或主管合作，並和參賽者一同進行公平競賽。

6. 若其他隊伍做出不良行為，不要報復（言語上或肢體上）對方。

7. 認真展現特殊奧運的責任和特權。

8. 將勝利定義為盡全力做到最好。

9. 達到教練設定的高標準運動家精神。

指導重點

☐ 討論雪鞋運動比賽協議，例如在所有比賽結束後，無論輸贏皆祝賀對手；以及隨時控制脾氣和行為。

☐ 對運動員和助理教練表示讚賞和肯定。

☐ 在運動員展現運動家精神時，永遠記得要稱讚對方。

請謹記

- 運動家精神是一種態度，會從您和運動員在場地或雪道上的行為方式中展現出來。

- 對競爭保持正向態度。

- 尊重對手和自己。

- 即使您感到憤怒或生氣，也永遠都要控制自己。

雪鞋術語詞彙表

術語	定義
綁帶	雪鞋的一部分，能將鞋類綁在雪鞋上。
乘載面	雪鞋的表面積；表面積愈大，運動員在雪地的浮力和支撐力就愈高。
冰爪	尖銳的牽引裝置，可以附在雪鞋的樞軸鉸鏈上，用以避免滑動。通常是由經熱處理的鋁或回火炭鋼製成。
爪	與冰爪類似，但鋸齒比較短。爪是一種附在雪鞋上的角度牽引裝置。爪提供的「抓地力」與傳統雪鞋上織帶所提供的抓地力差不多，但用在沒有遇到冰或陡峭表面的環境中。
外部材料	固定在雪靴框架上的尼龍，生皮或類橡膠材料製成的堅固或網狀材料，為雪鞋運動員提供浮力。
滾落線	下坡的最短距離。垂直於地面，且物體（您本人、石頭、雪）會掉落。
浮力	能限制雪鞋沉入軟雪或深雪的程度。
框架	雪鞋的固定外部結構零件，通常由木材，塑膠或金屬製成。
腳後跟綁帶	雪鞋綁帶的一部分，用來固定腳後跟。這是一條綁在雪鞋運動員所穿鞋子背面的皮帶。
燈芯	1.5 英寸長的棉線（油燈線），用來綁雪鞋。
軸桿	附在框架上，在雪鞋運動員向前移動時，讓腳和綁帶轉動。
鞋尾	雪鞋框架的最後端。
鞋尖或鞋頭	雪鞋框架的最前端。
鞋頭孔	外部材料的前方開口，讓前腳在整個動作範圍內轉動。
羊毛帽	一頂頂部有流蘇的針織帽，是雪鞋運動員的傳統帽子。

特殊奧運雪鞋
教練快速入門指南

目錄

規劃雪鞋訓練季

務必做好整季計畫，以開始進行雪鞋訓練季。訓練季計畫應將賽程以及針對比賽的發展和準備內容列入考量。整季計畫包含三大內容：季前、季中和季後。

訓練季計畫應包含能讓運動員達成目標的內容，以完成其季初設定的目標。相關目標可能十分廣泛，從比賽到每周訓練都有，因此計畫應盡可能適用於個別運動員的目標。

建立訓練季計畫

雪鞋教練應為接下來的練習季做好準備。以下清單提供您一些建議，讓您能迅速上手：

- 透過參加訓練季和討論會議來提升雪鞋知識和教練技巧。
- 聘請助理教練。
- 設置練習季的設備。
- 安排必備的器材。
- 招募志工來接送運動員來往參加練習及／或比賽。
- 招募運動員。
- 確保所有潛在的雪鞋運動員皆已註冊為特殊奧運運動員。
- 依此指南後文提供的內容，建立目標，並草擬訓練計畫。
- 試著每週至少安排 1 次訓練課程。
- 若可行，請建立居家訓練計畫。

季前

面對雪鞋賽季最好的準備方式，是在春、夏和秋三季期間維持整體體適能。最好的穩定進展是增強身體力量和健身訓練。而跑步則是準備雪鞋的最好方式。

季中

　　此時期是實際執行訓練計畫的階段。依據要達成的需求來規劃每個練習季。可以在雪、沙或鬆軟的草皮上進行訓練。沒有下雪也可以進行訓練。未下雪時，在這些地面上進行有限次數的雪鞋訓練，不僅不會嚴重損害器材，還有助運動員更熟悉雪鞋運動。

　　首次練習期間，請執行「運動技能評估測驗」，並依據每位運動員的能力等級，為其設定目標。專為運動員設計其所需的設備和器材。訓練季期間，應定期監督運動員的目標和技能，並修改訓練課程，以協助運動員達成目標。隨著比賽時間接近，請試著為運動員模擬比賽情況。接力賽是一個讓運動員準備好迎接比賽和團體合作好方法。若雪上訓練的時間有限，請盡可能在可以進行雪上訓練時，著重於模擬比賽或比賽節奏的環境。

季後

　　訓練季結束後，便應開始徹底評估運動員在達成設定目標上的進展，並提供意見回饋。為希望在淡季時進行訓練的運動員建立淡季訓練計畫。淡季訓練計畫應與運動員的整體訓練目標一致。

　　評估訓練計畫，並為下年度訓練季的計畫進行調整。要求運動員、助理教練和家長等提供意見回饋，以用於調整明年的訓練計畫。

雪鞋訓練課程

規劃雪鞋訓練課程

　　每次訓練課程都必須包含相同的必要基礎內容。每個基礎內容所需時間應依訓練課程目標、該課程屬於哪個訓練季的時間，以及該課程可用時長而定。訓練課程中必須包括以下基礎內容；然而，所需時間應依課程特定要求而定。

暖身	10-15 分鐘
特定活動訓練	15-20 分鐘
條件式或體適能訓練	15-20 分鐘
緩和運動	10-15 分鐘

　　備註：請參閱每部分的「雪鞋技巧教學」小節，以深入了解這些祕訣的進一步資訊和指導。

有效訓練課程的原則

運動員應保持積極	運動員需要是積極的傾聽者
建立清楚且簡潔的目標	若運動員了解預期目標，便能學習改善
給予清楚且簡潔的指示	示範－增加指示的準確性
紀錄進步情況	您和運動員一起詳細記錄進步情況
給予正向意見回饋	強調並獎勵運動員表現良好的項目
提供多種訓練	不同訓練－避免無聊
鼓勵享受過程	協助讓您和運動員都覺得訓練和比賽皆十分有趣
創造進步	隨著以下資訊進展，學習成效會逐漸增加： • 已知至未知－成功探索新事物 • 簡單至複雜－了解「我可以做到」 • 一般至特定項目－這就是為什麼我需要努力訓練
規劃資源的最佳利用	利用您現有的器材，並克服缺少某些器材的難題－創意發想
接受個別差異	每個運動員的學習速度、能力都不相同

每週居家訓練

　　每位運動員都需要招募一位能與其進行居家訓練的夥伴。這位夥伴可以是兄弟姊妹、雙親或朋友。

　　運動員和其夥伴必須能督促彼此，以達到有效訓練。

暖身練習	指導
步行	在雪中步行兩分鐘，接著慢跑 2 分鐘
手臂繞圈	將雙臂舉至兩旁，與肩同高；雙臂向前繞 15 個小圈。休息，再重複動作，手臂向後繞圈 15 次。
小腿／阿基里斯腱伸展	面向牆或柵欄站立，將一腿放在另一腿前方。前腿稍微彎曲，後腿屈膝。請記得，不要有疼痛感，只要感到肌肉伸展的輕微緊繃即可。
伏地挺身	呈跪姿，然後將雙手放於身體前方的地上，與肩同寬。背挺直，將雙腳移向後移，直到腳尖站立為止。您的重量會在雙手和雙腳上。慢慢彎曲手臂，直到與地面平行。您的胸部會朝地面向下 4-5 英寸。推高至起跑姿勢。重複 5 次，然後試著增加至 10 次或更多。請記得，務必完全伸展雙臂至起跑姿勢，且背要挺直。您可以透過收縮胃部位置的肌肉將背挺直。
仰臥起坐	背靠地躺下並屈膝。雙手可以放在胸前或肩上，或放在身體兩側，手指輕觸耳朵。手肘向外。背挺直，同時緩緩抬起肩膀，然後直起身至坐姿。收縮胃部位置的肌肉，同時慢慢回到開始姿勢。重複 10 次，並嘗試重複 2-3 組（每組 10 次），每組間休息 30 秒。請記得，雙手越開，運動員越能訓練到胸部肌肉。
每周練習（至少練習 10 分鐘）	
1. 設立 10 公尺場地 2. 練習雪鞋起跑 3. 比賽 10 次	每週增加距離，從 25、50，再到 100 公尺。每次比賽都請計時，以尋求進步。練習穿上雪鞋、跌倒、然後爬起。若為長距離雪鞋運動員，除固定訓練課程外，每周至少慢跑 2 次。

訓練範例

　　理想上而言，運動員必須經過訓練－比賽－訓練－比賽的過程，獲得投入體育活動帶來的最大益處。您的創意是協助運動員在訓練和比賽環境中，同時獲得學習和享受的重要關鍵。以下的八周訓練方案範例有助您為運動員建立個別訓練計畫。若此方案的內容符合雪鞋運動員的需求，請將其納入訓練。

第一週
1. 介紹並總覽訓練季日程 2. 教導例行性暖身和伸展運動 3. 介紹基礎雪鞋技能 4. 進行一個讓人活躍的遊戲 5. 緩和運動 6. 講評並分派居家訓練計畫
第二週
1. 暖身和伸展運動 2. 複習先前教的技能 3. 進行雪鞋技能評估 4. 進行有趣的遊戲 5. 緩和運動與講評
第三週
1. 暖身和伸展運動 2. 複習先前教的技能 3. 介紹新技能 4. 將運動員以不同的技能分組，提供特定指導 5. 進行簡短的遊戲，或者是迷你競賽 6. 緩和運動與講評

第四週
1. 暖身和伸展運動
2. 檢視先前教的技能
3. 介紹新技能
4. 以不同的技能分組
5. 進行適合各種技能等級的長距離健行
6. 緩和運動與講評

第五週
1. 暖身和伸展運動
2. 檢視先前教的技能
3. 介紹新技能
4. 不同的技能分組
5. 練習衝刺起跑和速度賽
6. 享受有趣的比賽
7. 緩和運動與講評

第六週
1. 暖身和伸展運動
2. 檢視先前教的技能
3. 介紹新技能
4. 以不同的技能分組
5. 練習接力賽或玩遊戲
6. 緩和運動與講評

第七週
1. 暖身和伸展運動
2. 進行迷你競賽
3. 體適能訓練
4. 緩和運動與講評

第八週
1. 暖身和伸展運動
2. 根據迷你競賽中顯現的弱點進行訓練
3. 進行有趣的遊戲
4. 緩和運動
5. 協調即將進行的活動

雪鞋技能評估

運動員姓名：_____ 　　開始日期：_____

教練姓名：_____

指示

1. 在訓練／賽季開始時，利用工具為運動員建立起始技能等級。
2. 要求運動員展現技能數次。
3. 若運動員能正確展現技能 3-4 次，則請勾選該技能旁的方框，表示已達成該項技能。
4. 在訓練方案中安排多個評估課程。
5. 雪鞋運動員可以以任何順序完成技能。運動員在達成所有評估項目後，便完成此清單。

伸展運動

☐ 了解小腿、腿後肌、腹股溝、股四頭肌、三頭肌和肩膀的伸展運動

☐ 進行伸展運動

陸地或室內暖身練習

☐ 了解暖身練習

☐ 進行陸地暖身練習

☐ 進行雪上練習

穿上雪鞋

☐ 認識雪鞋的各部分

☐ 認識雪鞋的左腳和右腳

☐ 正確擺放腳的位置

☐ 安全地繫緊綁帶

脫下雪鞋

☐ 鬆開綁帶，然後脫下鞋子

避免雪鞋重疊

☐ 不需協助，穿著雪鞋站立

☐ 了解雪鞋重疊的概念

☐ 將雙腳／雪鞋分得更開，然後再互相靠近

向前行走

☐ 行走時，注意有沒有發生重疊情況

停止和復原

☐ 刻意停止

☐ 不需協助地爬起來

轉向

☐ 單腳站立

☐ 跨一大步，避免雪鞋重疊

☐ 把雪鞋板放在雪上

爬山丘

☐ 攀登山丘上最直達的路線

☐ 以鞋頭戳洞，將防滑釘推入雪中

☐ 使用雙臂做為登上山丘的力量

下山

☐ 保持重心在前

☐ 長步伐、滑行步，注意步伐不要過大

☐ 辨識以及沿著滾落線下山

衝刺起跑

- □ 站立、一腿在前、準備開始、屈膝
- □ 後腿和前臂向前推
- □ 使用前腿作為支撐點，成為推力的基礎
- □ 在不跌倒的情況下進行衝刺起跑

衝刺

- □ 同步移動手臂和腿部以達最大速度（右臂向前時左腿向前）
- □ 直線移動

長距離雪鞋

- □ 有效呼吸
- □ 控制雙臂，保持手肘向內
- □ 跑步時雙腳盡可能只抬起一點
- □ 採取短步伐，以節省精力
- □ 比賽時採均衡步伐

雪鞋服裝

　　服裝必須適合天氣環境。訓練和比賽時也併入「25°F規則」中。這表示若室外溫度為 40°F（4.4°C），則請穿著 65°F（18.3°C）的服裝。這是您在活動獲得熱能後的體感溫度。最好採分層穿搭法，以便在需要時添加或脫去衣物。寧願帶得比實際上需要的衣物還多，也不要帶得太少。

襪子

　　襪子可依個人洗好選擇，但建議穿著羊毛或混合型材質的滑雪或登山襪來進行雪鞋運動。請務必避免穿著棉襪，因為棉襪會吸收水氣，是不良絕緣體，且會導致水泡。建議可在隔絕襪內穿著合成材質或天然纖維的短襪。短襪有助雙腳排汗和排濕，並增加更多的空氣絕緣層。短襪也會吸收腳與外層襪子間的摩擦，避免起水泡。

鞋類

　　可以穿著任何類型的鞋子。因為跑步鞋和交叉訓練運動鞋較輕且舒適，因此較受歡迎。鞋子越重，跑步時背會感受到的重量越重。若為較冷的天氣，可以穿著靴子，但請確認腳踝能有足夠的靈活度，且該靴子在行走和跑步時能安全貼附於腳上。最重要的是

應保持腳部乾燥和舒適。建議鞋子應在穿著雪鞋運動要使用的襪子後仍感到舒適。適合穿在鞋子外，且能覆蓋鞋子前方和褲子下方空間的靴子將會十分實用。合成橡膠自行車靴非常適合穿在跑步鞋外。

　　雪鞋運動的關鍵是靴子或鞋子與雪鞋的接觸面。雪鞋運動員的身體溫暖來自於運動和分層穿搭，而非笨重的靴子。由於重型靴會增加重量，因此會提高雪鞋的困難度。此外，重型靴可能會導致腳部過度出汗，讓您的腳迅速變冷。

　　海豹皮或鹿皮的極地靴可以與傳統木雪鞋和束帶結合使用。極地靴可以加上縐布／橡膠底和毛氈襪，提供更多保護。極地靴以溫暖、舒適和輕量出名。這些通常能提供與雪鞋間的良好接觸面。

褲子和上衣

結合三層服裝系統。簡單且能達到最佳效果。

內層

內層（或稱內部或打底）是排汗層。長板貼身衣的材質是合成材質、天然材質（絲）或已加工的材質，能排除身體排出的汗。上、下半身都應穿有排汗層。穿著包覆脖子且手腕處貼身的襯衫是保存身體熱能的最有效方式。

中層

中層應為絕緣層，且包含羊毛（毛衣或褲子）、抓毛絨（上衣或下身）或已加工過的材質。合成絕緣衣物或相變化加工品也被證實輕量且有效絕緣。此層藉由留住身體周圍的空氣層來提供溫暖。

備註：除了極度寒冷的環境外，雙腳一般不需要穿著此層，以免受到壓縮約束。

外層

防風雨的外層通常能阻擋風雪。腿部方面，尼龍防風褲是很好的選擇。若無法取得防風褲，請選擇寬版合成材質運動褲。短版風衣或發熱夾克也是很好的上半身選項。以防水、防風和透氣（讓身體排汗）等多層製成的衣物即十分實用。請注意，吸水衣物（如棉質運動褲）只能提供少量保護及防風防寒。雪鞋會踢起鬆散的雪至腿部和後背，因此最好使用光滑的尼龍外層覆蓋這些部位。雪鞋是高度有氧運動，可能會產生驚人的熱能，因此必須穿著不會限制動作的衣物。

在決定比賽服裝時，請考量您運動員的能力、天氣和活動距離。為了擁有最佳比賽狀態，請力求讓運動員穿著輕量、透氣、多層次、光滑且不會限制動作的外層衣物。可以考慮讓運動員在最外層穿著厚重但易於穿脫的夾克和褲子，以在各項活動間保持溫暖。許多比賽中，最大

的挑戰就是於各項活動間，在站立時保持溫暖。這些笨重的外層衣物應易於在各項活動前後迅速穿脫。請不要忽視，應為會在較長時間的比賽中容易出汗而弄濕比賽服裝的運動員，多帶一套溫暖且乾燥的衣物來更換。

配件

編織帽是避免熱度從頭部散出的必備品。依據天氣環境，應準備同樣為三層材質（合成內裡、熱傳導絕緣層以及防風／防水的外層）的手套或連指手套。建議配戴合適的眼部保護配件，以保護眼睛不受紫外線和眩光傷害，也能避免雪鞋運動員踢起的雪碰到眼部。偏光太陽眼鏡會遮斷眩光，而高品質眼鏡則較不會起霧。請記得，若眼鏡起霧，請使用太陽眼鏡適用的軟方巾擦拭。

雪鞋器材

安全且適當的器材是進行良好安全雪鞋運動的必備要素，因此最重要的決策是選擇正確的雪鞋類型。以下是兩種雪鞋類型：傳統木框雪鞋，以及由鋁、橡膠和其他「高科技」材質製成的金屬雪鞋。為了增加競爭力，建議穿著專供比賽使用的雪鞋。這類雪鞋較輕、小且不對稱（請參閱以下說明）。

雪鞋

鞋子重量和尺寸是雪鞋運動的關鍵。根據估計，腳上重量多出 1 磅等於背部重量多出 5-10 磅。同時，較窄的鞋框能讓重心更集中，並讓腿剛好位於軀幹下方，以免鞋框對小腿造成太大傷害。身體重量是非常微小的要素。無論雪鞋尺寸大小，每個人都會陷入乾燥粉狀的雪中，但即使是最重的運動員，也能在潮濕、緊實的雪中穿著較小的鞋子來進行雪鞋運動。因應雪況，請盡量穿著越小的雪鞋越好。相關規定明訂雪鞋寬度至少應為 8 英寸，長度最少應為 25 英寸（即 20.5 公分乘以 64 公分）。此尺寸的雪鞋最適合成人運動員。

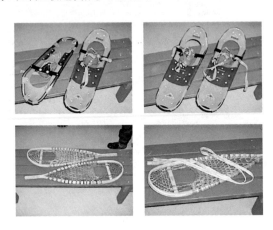

雪鞋結構剖析

每雙雪鞋都有 6 個部分。

框架

這是雪鞋的外部，負責提供雪鞋形狀。框架由鋁、木頭或模壓合成材料製成，可能是對稱或不對稱形式。對稱框架讓腳位於鞋子中段的中心，而不對稱框架更類似腳的形狀，有左右腳鞋之分，讓雙腳能更靠近，避免「行走搖晃」（snowshoe waddle）的情形。框架的鞋頭部分抬起，尾端加重，以確保順利移動，且鞋子上不會積雪。一般而言，最小的框架能提供雪上浮力，最適合用來比賽。

綁帶結構

此能將運動員的鞋子固定在雪鞋上。綁帶固定在穩固的平台，綁帶內的移動小、舒適且不接觸框架。木製雪鞋的綁帶通常以皮革製成，並附於鞋頭繩帶上。木製雪鞋的替代綁帶形式是燈芯（1.5 英寸扁平棉繩帶）；若要使用燈芯材質，必須修改鞋子，在兩側加入圈環。

支軸結構

此讓運動員能進行一般步行動作。平板上有一個洞，能在框架放在雪面上時，讓鞋頭進入雪中並推離。將綁帶裝置附加至雪鞋上，便形成木製雪鞋上的支軸系統。

鞋頭綁帶

鞋頭綁帶是雪鞋的一部分，將外部框架連結至綁帶上。

攀登用冰爪／防滑鞋或冰爪（僅限金屬雪鞋）

尖端和冰爪能在環境濕滑時，抓住雪並提供牽引力。尖端和冰爪位於綁帶下方，也讓其能協助推離動作。雪鞋下的後方牽引力裝置（即腳後跟煞車）對下山牽引力和安全性來說十分重要。

外部材料

外部材料附著於框架上，提供主要浮力。

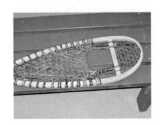

雪杖

多數的雪鞋運動員不會使用雪仗。與一般雪杖相比，雪鞋能提供更多牽引力、浮力和穩定性，能協助多數運動員輕鬆越過濕滑、鬆散、深厚和不平的雪面。盡可能試著讓您的運動員在不使用雪仗的情況下進行雪鞋運動。使用雪仗是進行雪鞋運動時的另一個協調動作，它需要更多精力和動力控制。若運動員在未穿著雪鞋的情況下，不需雪杖即可行走和跑步，則其在進行雪鞋運動時不須雪仗。雪杖也許能為平衡感、力量或協調性特別不佳的特定運動員帶來益處。若在休息時將滑雪杖掛在手臂上，其長度能從手肘高度觸及地面，即為適當長度。

雪鞋規則教學

　　雪鞋規則教學的最佳時機就是訓練期間。請參閱《特殊奧運運動規則》官方版本以了解完整的雪鞋規則。身為教練，您有責任知道和了解比賽規則。這和教導運動員相關規則以具有比賽精神一樣重要。以下是部分雪鞋運動規定。請保有《特殊奧運運動規則》官方版本和您所屬國家及／或國際聯盟的現有雪鞋規則。請在參與每一場比賽時都攜帶一份規則且確保運動員已經了解規則。

分組

　　身為教練，請務必在參加比賽前，先學習和了解分組規定和程序。了解分組程序會直接影響您運動員的表現。特殊奧運比賽和其他運動組織比賽的最基本差異，在於鼓勵所有能力等級的運動員參加比賽，且每位運動員都會因為表現而獲得肯定。比賽的架構完整，因此運動員能公平地與相同能力的其他運動員分在同一組。歷史上，特殊奧運建議應建立所有分組，讓同組中最高和最低分數的運動員差距不會超過10％。這10％並非硬性規定，但應用作指導原則，在適合運動員競賽時，協助進行公平分組。

　　教練是協助比賽管理小組進行分組工作的重要關鍵。若教練能提交初步分數，則可以完成最佳分組。這有助於讓運動員進入特定組別，以及獲得額外比賽經驗。

如何進行分組

　　運動員的能力是特殊奧運比賽分組的主要因素。運動員或團隊能力是由會前賽或種子賽或初賽的結果來決定。執行有競爭力分組的其他重要要素是年齡和性別。

　　理想上，若每分組包含3-8位有類似能力的競爭對手或隊伍時，就

會更加競爭。在某些情況下,有些比賽中的運動員或團隊數量會不足以達成以上目標。下文將描述建立公平分組的過程順序。

融合運動® 規則

此規則手冊列出特別奧運融合運動®比賽與《特殊奧運運動規則》官方版本的數個不同規則和相關調整內容。其他事項強調如下。

1. 名冊裡包含一定比例運動員和夥伴人數
2. 在雪鞋運動方面,融合運動隊伍包含能力相同的 2 名運動員和 2 名夥伴,會在 4x100、4x400 接力賽中競爭。

抗議程序

抗議程序規定於比賽規則中,且各項比賽皆有所不同。僅能就違規事項提出抗議,不得就裁判的判決或分組決定提出抗議。必須找出規則手冊中訂定的特定違規行為,且清楚定義教練認為未遵守規則的原因,才能提出抗議。

賽務管理小組的角色是強化規定。身為教練,您對運動員和團隊的義務是在運動員比賽時,就您認為違反官方雪鞋規定的任何行動或活動提出抗議。請絕對不要僅因個人或運動員沒有獲得期待的比賽成果便提出抗議。提出抗議是一項十分嚴謹的事項,可能會影響比賽行程。請在比賽前向賽務小組確認,了解該賽事的抗議程序。

雪鞋術語詞彙表

術語	定義
綁帶	雪鞋的一部分，能將鞋類綁在雪鞋上。
乘載面	雪鞋的表面積；表面積愈大，運動員在雪地的浮力和支撐力就愈高。
冰爪	尖銳的牽引裝置，可以附在雪鞋的樞軸鉸鏈上，用以避免滑動。通常是由經熱處理的鋁或回火炭鋼製成。
爪	與冰爪類似，但鋸齒比較短。爪是一種附在雪鞋上的角度牽引裝置。爪提供的「抓地力」與傳統雪鞋上織帶所提供的抓地力差不多，但用在沒有遇到冰或陡峭表面的環境中。
外部材料	固定在雪靴框架上的尼龍，生皮或類橡膠材料製成的堅固或網狀材料，為雪鞋運動員提供浮力。
滾落線	下坡的最短距離。垂直於地面，且物體（您本人、石頭、雪）會掉落。
浮力	能限制雪鞋沉入軟雪或深雪的程度。
框架	雪鞋的固定外部結構零件，通常由木材，塑膠或金屬製成。
腳後跟綁帶	雪鞋綁帶的一部分，用來固定腳後跟。這是一條綁在雪鞋運動員所穿鞋子背面的皮帶。
燈芯	1.5 英寸長的棉線（油燈線），用來綁雪鞋。
軸桿	附在框架上，在雪鞋運動員向前移動時，讓腳和綁帶轉動。
鞋尾	雪鞋框架的最後端。
鞋尖或鞋頭	雪鞋框架的最前端。
鞋頭孔	外部材料的前方開口，讓前腳在整個動作範圍內轉動。
羊毛帽	一頂頂部有流蘇的針織帽，是雪鞋運動員的傳統帽子。

附件：技能發展重點

向前移動

　　穿著雪鞋向前移動就跟行走一樣簡單。事實上，就是行走而已。向前移動就只是將單腳放向前，同時固定另一腳，並確認已經提起雪鞋，向前移動剛好就能將腳踝和另一隻雪鞋分開。務必避免雪鞋重疊，以免跌倒。若運動員能完全向前移動，則其便能進入跑步和衝刺階段。

指導重點

1. 首先，運動員站在非常平坦的地形上。
2. 向前移動第一隻腳。
3. 抬起第二隻腳向前，步伐要有雪鞋的寬度，以免碰及腳踝。
4. 將第二隻腳放在第一隻腳前。
5. 重複以上步驟
6. 若要更快速移動，請增加步伐速度及／或步伐寬度。

避免雪鞋重疊

　　腳上的裝備間必須隔有一定的距離，以避免雪鞋重疊。

　　若步伐間的距離太短，行走時發生重疊情況，，將前腿雪鞋的尾端放下，然後壓低後方雪鞋的框架。若雪鞋運動員嘗試將後方雪鞋移向前方，並抬起離地以再次邁開另一步時無法成功，是因為後方雪鞋發生重疊情況，所以被釘在地上。

　　雪鞋運動時，首先要學習的技術即是避免發生重疊情況。雪鞋重疊通常會發生在較慢速和行走時。技術上，穿著雪鞋時，跑步會比行走更容易，這是因為跑步時腳上裝備間的步伐和距離會較長。但即使是跑步，也可能因為運動員的間距過短而無法有間隙。

　　可能會導致雪鞋重疊的情況：

1. 腿較短的運動員
2. 較深或較鬆的雪地
3. 上坡
4. 疲勞
5. 行走時，腳趾未指向前方
6. 從靜止位置開始加速的前幾步過短
7. 腳放在雪鞋上的位置不正確

　　資深雪鞋運動員知道這些情況，且能以簡單的技術補償錯誤：將雙腳分得更開，以避免發生重疊現象。分開距離不用太多，只需要保持雙腳間的距離約 5-6 英寸，即可分開 8 寸寬的雪鞋。多數人行走或跑步時，最佳生物力學是將一腳放在另一腳前方。部分運動員應著重於持續分開兩隻雪鞋以利移動。

煞車

　　許多運動員可能因為沒有煞車技能，產生因滑行運動（滑冰、滑雪）所導致的跌倒或不愉快經驗，因此會害怕光滑的雪面。可能要到雪鞋運動員第一次登上山丘時，寒風刺骨又拒絕下山，您才會發現這個問題。

　　雪鞋煞車和未穿著雪鞋跑步或行走時的煞車一模一樣。若運動員的腳步／步伐越來越小，且速度加快直到他們不需再進行任何動作時，就必須減速。

指導重點

　　1. 幾個步伐後，逐漸縮小步伐間距和放慢速度。

　　2. 教導運動員保持重量在前方，不要放在雪鞋尾端。

　　3. 教導運動員不要使用其他物體來煞車。

　　4. 逐漸放慢速度，不要突然停止。

　　5. 向運動員說明雪鞋的滑行方法和滑雪不同。

轉向

　　只要不急轉彎或速度過快，則穿著雪鞋進行轉向就像未穿著雪鞋步行或跑步一樣簡單，只需要讓每個連續步伐都朝運動員要走的方向前進即可。

　　高速或急轉彎（90 度或角度更大）時，由於多數雪鞋的「邊緣」處理不佳，部分雪鞋可能會滑向側面。此情況下，運動員必須將雪鞋底放在雪上，而非斜插進雪中。目的是在運動員將身體其他部分傾斜向急轉彎處，或以高速保持平衡時，讓雪鞋以特定角度保持與雪地接觸。為了解決這個問題，運動員應該專注於以腳的蹠骨（前腳掌）落地，而不要讓雪鞋傾斜一定的角度。

指導重點

1. 教導運動員以連續步伐轉至一側。
2. 教導運動員以腳的腳底板前端蹠骨位置落地，將雪鞋底平貼於雪地上。
3. 教導運動員不要造成雪鞋的尖端和尾端重疊。
4. 教導運動員不要穿著雪鞋倒退，要進行 180 度轉向時，應以小步伐進行轉向。

跌倒

在您開始雪上訓練前，務必教導運動員跌倒的正確方式。跌倒是雪鞋運動中自然發生的一部分，而以正確方式跌倒可以避免受傷。花點時間與運動員溝通，讓對方知道發生跌倒是很正常的。透過練習跌倒，運動員在真的跌倒時便不會太過擔心。請確認在練習跌倒前，運動員已穿戴正確的保護裝備。

在雪鞋運動中跌倒所帶來的傷害，有90％是手腕和肩膀受傷。這些傷害多數是在雪鞋運動員以不正確的姿勢向前跌倒時發生。請與您的運動員共同練習這些動作。從膝蓋開始，接著讓自己向前跌倒在前臂上。前臂稍微離開身體，手肘彎曲（起跑和跌倒姿勢的圖片）以承受重量。讓您的前臂先碰到地板。嘗試抵抗倒向地面的力量，或將雙手放在前方。當接觸到地板，便能以雙臂吸收跌倒的力量。您可能要與運動員一起練習此動作，直到對方能完全流暢地進行動作。

指導重點

1. 強調跌倒可以是很安全的動作。
2. 強調在跌倒時應保持手肘彎曲且靠近身體。
3. 教導運動員如何抱膝翻滾（以肩膀翻滾）。
4. 確認運動員無肢體受傷。

爬起

　　由於跌倒是雪鞋運動中的常見議題，因此務必教導運動員如何從雪中爬起。若發生多次，爬起可能比跌倒更令人沮喪，尤其當運動員身處斜坡時更是如此。運動員爬起來的最簡單方式是從跪姿爬起，然後慢慢起身至站立姿勢。

　　即使是身體條件良好的運動員也可能難以在跌倒後爬起來。請務必持續練習直到運動員熟悉此動作。課程期間，要求運動員在跌倒後練習爬起動作是個好主意。同時，也務必確認運動員不會因為太常爬起來而感到筋疲力盡。若有此情況，您可以提供更多協助。

指導重點

1. 若運動員完全跌倒在地，請滾向一旁。
2. 以雙手和膝蓋爬起。
3. 抬起一邊膝蓋，然後將鞋底放在雪上。
4. （若有使用雪仗）將雪杖放在前方並站起來。
5. 若無雪杖，必要時，運動員可將手放在膝蓋上以幫助自己恢復站立姿勢。
6. 確認運動員無肢體受傷。

爬坡

能爬上山丘讓雪鞋運動變得有趣。雪鞋是用一己之力登上白雪覆蓋的山丘最快也最簡單的方式。根據雪況和山的大小不同,爬坡可有許多不同方式。所有相關技術都可以在雪或沙上達成。

指導重點

1. 讓運動員知道滾落線在哪裡(即球體從山上滾下來時的路線)
2. 滾落線通常是登上山丘最直接的路線。
3. 採用較小的步伐,保持頭抬高。
4. 將重量保持在腳的腳底板前方蹠骨位置上。
5. 保持雙腳打開,避免雪鞋重疊。
6. 以鞋頭戳洞,將防滑釘推入雪中,以獲得更佳的牽引力。
7. 使用雙臂做為登上山丘的力量。
8. 稍微傾向山丘方向
9. 若為短陡且覆蓋鬆雪或深雪的山丘,利用雙手向前爬行以獲得平衡和牽引力將十分有幫助。

下山

善用正確技巧即可安全地下山。

指導重點

1. 不要向後傾。

2. 試著保持上半身與坡度垂直，腳趾朝下，以保持牽引力。

3. 雙臂向外延伸以保持平衡。

4. 保持膝蓋彎曲，以減緩衝擊。

5. 跑下山是最容易獲得最多牽引力的方式，且能避免雪鞋重疊；若為結冰的斜坡務必跑下山。

6. 比起穿越斜坡，在白雪覆蓋的山丘上沿著滾落線下山是最簡單的方法。

7. 避免步伐過大。不要太向前傾以及採用較短且快的步伐來分散步伐和減速。

衝刺起跑

由於運動員想在比賽開始時有力且快速地出發，因此正確的衝刺起跑可以帶來不同效果。

衝刺起跑中，運動員會將「施力腳」放在前方，以強力發動動作。若要決定哪一隻為施力腳，只要讓運動員假裝踢球即可。用來支撐身體的是前腳（即施力腳）。另一個決定方式是站在運動員身後，然後輕推對方。運動員向外踏出的即是起跑時的後腳。

指導重點

起跑線上

1. 站在起跑線後，放鬆，施力腿在前，將雪鞋尖端放在線後。

「預備」口令

2. 臀部微向前傾，且前膝蓋微彎（約為 120 度），將重量放在前腳的腳底板前方蹠骨位置上。
3. 穩住相對側的手臂，從前腳彎曲到身體前方。
4. 將另一隻手臂向後拉，稍微越過臀部，然後彎曲手臂。
5. 盡可能站立不動。

「出發」口令

6. 將後腿向前推，以膝蓋帶動身體，前臂向後擺動。
7. 用力推出腳的腳底板前方蹠骨位置，然後用力將後側手臂向前擺動。
8. 保持低姿勢，利用手臂來帶動身體向前。
9. 離開起跑線時請採取較寬的步伐，以避免發生雪鞋重疊情況。

加速至最高速度

10. 使用短且快的步伐離開起跑線，隨著速度增加，也增加步伐長度。
11. 逐漸改為更為直立的衝刺姿勢。

衝刺

衝刺是一項盡可能要跑得快的藝術。在運動員的雙腿移動更快速以利用更高速率推進時，就會產生衝刺。衝刺時，運動員會踏出更多及／或更長的步伐。衝刺也是一項機械性身體動作，若運動員動作順暢，便可以隨之改進動作。

指導重點

1. 以直立方式跑步，讓每一跨步都有最大距離。

2. 前臂和上臂呈 90 度。

3. 每一步都（前後）擺動雙臂。

4. 手臂和腿的動作應同步。右臂向前時左腿應向前。

5. 增加步伐寬度或頻率，或增加兩者，都能提高速度。

6. 保持在跑道上（25 公尺、50 公尺和 100 公尺）。若為其他比賽，運動員必須持續向前移至內側跑道。

您在衝刺時，身體的動作為何？

頭部	頭擺正，雙眼注視終點 放鬆下顎和臉部肌肉
肩膀	放鬆，稍微或不旋轉以保持肩膀直線
手部	雙手握拳，不要太緊，姆指向上
手臂	用來保持平衡 向上或向外推高，但不要越過身體
腳	腳趾朝向正前方

接力賽

接力賽是雪鞋運動中的「團隊」比賽。這是一項藝術，旨在盡可能快速地跑且同時與下一棒跑者成功接力。接力賽能發展團隊情意和默契。接力賽隊伍包含 4 名隊友，應依序沿著跑道前進。若要完成成功的「交棒」（或「交換」），交棒跑者將手伸向接棒跑者時，兩名選手都應在接力區中完成交棒動作。

指導重點

1. 接棒運動員應在接力區前數公尺開始準備接棒。

2. 接棒運動員站以預備姿勢站立，身體稍微轉向，手臂延伸至後側，手心向上。

3. 接棒運動員應注意交棒隊友。

4. 交棒運動員抵達接力區或預定點時，接棒運動員應開始向前移動。

5. 交棒隊友跑向接棒運動員伸出手臂的那一側，然後交棒至接棒運動員的手上。

6. 交棒運動員持續直線移動，直到逐漸停止。

7. 交棒運動員轉向確認沒有其他接近的運動員。跑道清空時，可離開跑道進入場地內圈。

長距離雪鞋

　　這是距離較長的雪鞋比賽，能真正測試運動員的耐力。若訓練和比賽環境不佳，則長距離雪鞋運動就是結合了心肺耐力和抗風寒的耐力。這些活動需要特殊訓練，以確保運動員能具有長距離訓練和比賽的耐力，且沒有受傷風險。

指導重點

1. 保持站立的高姿勢。
2. 受控且放鬆的手臂動作。
3. 保持不拱肩，且手肘不向內推。
4. 在整個比賽距離中，嘗試維持相同速度。
5. 保持身體放鬆。
6. 必須有適當的有氧環境－運動員應先增加持久力，然後才提高強度，以提高訓練。

弧線起跑

若為包含轉向、200（含）公尺以上和接力賽的比賽，會使用弧形的「弧線」起跑線，因此所有跑道上的雪鞋運動員在首回合開始時，在起跑線上的位置距離相等。雪鞋運動員從內側跑道或第一條跑道開始依序排隊，這條跑道會留給最快的運動員。

指導重點

1. 雪鞋運動員應確實了解起跑和超越技能，這兩件都是必備技能。
2. 雪鞋運動員應在起跑線上定位，讓自己能朝向第一個轉角的目標點。
3. 目標點應為運動員在起跑線定位時，能看到沿著跑道最內緣的最終點。
4. 雪鞋運動員必須能判斷與前方和旁邊運動員間的最短距離，以避免發生碰撞和阻擋。

比賽開始後，雪鞋運動員應根據相對於其他雪鞋運動員的位置，採取最短路徑前往目標點。此階段可能會發生超越行為，但一般會規定運動員應從右側超越。較長的路徑可以確保雪鞋運動員會在直線跑道上等待超越，以縮短完成超越所需的距離。

定速

雪鞋運動員要學習的技能中，其中一項最難的進階技能是定速。在所有比賽階段中，保持一致速度比不平均速度更為有效且迅速。尤其是對較長距離的比賽（800 公尺及以上）而言，正確定速更為重要。依據運動員的技能和能力等級，定速在短如 100 公尺的比賽中也可能十分重要。

由於比賽中的其他許多運動員通常不會以正確定速跑步，因此有時很難讓運動員運用正確的定速概念。多數運動員因為有氧和生理能力的緣故，會起跑過快，然後中間突然減速，接著衝刺到終點。在掌握所有雪鞋基本技能後，練習改善體適能和訓練便成為必要項目，讓運動員能在比賽期間保持更快的步伐，直到結束為止。

指導重點

1. 確認您的運動員能確實以不同速度移動，且獨自完成。若您或其他人在一開始能與運動員一起進行雪鞋運動，展示不同速度和步伐，將會十分有幫助。但請了解，運動員最終仍必須學著獨自完成這項技能。

2. 強調在較長的比賽中，起跑時最快的運動員不一定就是贏家。

3. 無經驗的運動員在較長比賽中，常會以最快起跑者的步伐開始比賽，接著出現氧債（呼吸不順暢），除了體適能最佳的運動員外，所有跑者都會減速。其他這些跑者都必須減速直到恢復為止（但從未完全恢復），然後再重新以各自的步伐上限快速移動。這是非常痛苦且無效的長距離比賽方式。

4. 強調在整個比賽期間維持一致的步伐和速度通常能創造最快的完成時間。隨著疲勞累積，保持較高平穩速度所需的精力將增加。舉例而言，比賽最後 25％距離會使用超過 50％的精力。

5. 運動員應在較長的比賽初期階段保持最好的比賽狀態和速度，然後在比賽後期專注於與其他運動員競賽。強調比賽開始時的技巧是讓以理想的平均速度跑步，而這時可能需要讓其他運動員取得領先。

6. 教練應決定運動員在比賽中的理想步伐，應以何種速度移動，或「目標步伐」為何。採用運動員在以一定距離內的最佳時間，然後將時間分成數個較短距離階段，再平均地組合為較長距離。這會讓您知道要努力達成的每距離時間速度。若為 400 公尺比賽，較短的距離通常為 100 或 200 公尺；若為 800 公尺或 1600 公尺比賽，較短的距離通常為 200 或 400 公尺；若為 5 公里或 10 公里比賽，較短的距離通常為 400 或 1000 公尺。

7. 800 公尺最佳時間為 4 分鐘的跑者應保持 1 分鐘 200 公尺，以維持比賽的平均步伐。原因是 800 除以 200 等於 4，而 4 分鐘除以 4 等於 1 分鐘。

8. 5 公里最佳時間為 32 分鐘的跑者，每公里應為 6 分 24 秒，或每 400 公尺為 2 分 56 秒。

9. 若運動員能從教練處獲得中間分段時間，這些目標速度／距離時間是讓運動員練習平均定速的關鍵工具，且若運動員要測量其在較長比賽中的進度，這也十分實用。優秀的教練會在較長比賽中掌握運動員的每一步，然後記錄中間分段時間以供後續分析。

10. 長距離雪鞋運動員的訓練應包含以整段距離中要保持的速度，來多次重複應用在一定的較短距離上，並在各段中間休息。例如，1600 公尺最佳時間為 10 分鐘的雪鞋運動員，要以每 400 公尺 2 分 30 秒的速度來進行 6 次 400 公尺的訓練，然後在這 6 次重複訓練期間，每次都慢跑 200-400 公尺。

11. 隨著體適能提升，運動員便可以提高這些重複訓練的次數，以及／或減少其中休息的時間／距離。運動員可以在改善最佳時間後提升速度。

12. 教練應留意，若運動員學會如何正確定速，其平均距離最佳時間在一開始可能會迅速改善。若為新手雪鞋運動員，目標速度是可以產生每週／每日變化的指標，但對資深運動員來說，這項指標會傾向不變。

13. 注意在比賽時會經過的雪地環境、天氣、山丘和地形這些都會影響運動員的表現。運動員最終應學習如何依據能力而非速度來安排步伐。

超越

安全且有效的超越其他雪鞋運動者的能力，是所有雪鞋運動者都應了解且使用的技能。只有雪鞋運動在特殊奧林匹克冬季運動會中是大量起跑且運動員不需一直停留在跑道上的項目。「超越」是一種會在參賽者間產生相互影響的方式。

指導重點

1. 在速度較快的雪鞋運動員追上較慢運動員，或雪鞋運動員跌倒或煞車時，通常會需要使用超越技巧。接近比賽終點時，有時明智的做法是發起超越，以便在領先的雪鞋運動員減速時，自己能在終點處暢通無阻。

2. 場地或跑道的直線區域是最適合超越的地方。彎道外側欲進行超越的雪鞋運動者會需要行經更多距離，因此會需要明顯增速來成功超越。雪鞋運動員應能在開始進行超越前，向前辨識場地前方情況。若場地很快變窄，則可能應等經過狹窄區域後，再開始超越。

3. 運動員應以足夠超越的距離來移至側邊，盡可能以下一彎道的內側做為此側邊。一般而言，跑道上的雪鞋運動員會保持在左側，因此必須從右側超越。若前方雪鞋運動員離開左側，且超越動作可以迅速完成，不會受擁有行進權的前方運動員阻礙的話，則可以從跑道左側超越。

4. 一般而言，您必須移動至少至雪鞋運動員旁至少 50 公分（20 英寸）以進行超越。只要不會明顯增加超越距離，更寬的距離當然更好。

5. 理想上，可以不用花費過多精力改變速度就能完成超越。通常完成超越需稍為加速，才能追上領先的雪鞋運動員以保持領先。

6. 若運動員未穿著雪鞋行走或跑步，超越的雪鞋運動員需要在移動超越前方運動員時，先獲得更多領先空間。超越的運動員必須稍微轉頭，看一眼以決定自己的領先程度是否足夠。一般而言，雪鞋運動員需要在不干擾的情況下，至少領先兩步或約 1.5 公尺（四又二分之一腳）。

7. 領先後，超越的運動員應恢復道自己的比賽狀態。這是指應移到場地的一側，以在下一次彎道時位處內側。超越的運動員不需擔心後方的其他運動員

結束

結束比賽需要發展定速技能和時機，讓雪鞋運動員有機會在終點線前維持甚至提高速度。能有效利用結束技能的雪鞋運動員，相對於其他無耐力或能量進行最終「一擊」以抵達終點線的運動員，將能提升最終名次。第一位軀幹通過終點線的雪鞋運動員的分數會較高。

指導重點

1. 雪鞋運動員應十分了解速度和超越技能，兩者皆為必備技能。

2. 雪鞋運動員應能判斷與前方運動員的最大距離，以及追上和超越對方所需的距離。到終點線前，應有足夠距離迎接對方發起的超越挑戰。

3. 通常數公尺便足以迎接這類挑戰。若太早開始最終「一擊」和超越，則會提高其他雪鞋運動員重新取得領先的風險。

4. 衝刺比賽要求雪鞋運動員保持速度，且軀幹傾向終點線，這是比賽結束的規定。運動員應能向前傾斜剛好有利的角度，但又不會因傾斜太多導致失去平衡和向前跌倒或失去向前的速度。

5. 長距離比賽規定雪鞋運動員使用足夠的比賽速度，來維持與領先運動員間可接受的恢復距離。

特殊奧林匹克：
雪鞋——運動項目介紹、規格及教練指導準則
Snowshoeing：Special Olympics Coaching Guide

作　　　者／國際特奧會（Special Olympics International，SOI）
翻　　　譯／牛羿筑
出 版 統 籌／中華台北特奧會（Special Olympics Chinese Taipei，SOCT）

總　編　輯／賈俊國
副 總 編 輯／蘇士尹
編　　　輯／高懿萩
行 銷 企 畫／張莉滎・蕭羽猜・黃欣

發　行　人／何飛鵬
出　　　版／布克文化出版事業部
　　　　　　台北市中山區民生東路二段 141 號 8 樓
　　　　　　電話：(02)2500-7008 傳真：(02)2502-7676
　　　　　　Email：sbooker.service@cite.com.tw
發　　　行／英屬蓋曼群島商家庭傳媒股份有限公司城邦分公司
　　　　　　台北市中山區民生東路二段 141 號 2 樓
　　　　　　書虫客服服務專線：(02)2500-7718；2500-7719
　　　　　　24 小時傳真專線：(02)2500-1990；2500-1991
　　　　　　劃撥帳號：19863813；戶名：書虫股份有限公司
　　　　　　讀者服務信箱：service@readingclub.com.tw
香港發行所／城邦（香港）出版集團有限公司
　　　　　　香港灣仔駱克道 193 號東超商業中心 1 樓
　　　　　　電話：+852-2508-6231　　傳真：+852-2578-9337
　　　　　　Email：hkcite@biznetvigator.com
馬新發行所／城邦（馬新）出版集團 Cité (M) Sdn. Bhd.
　　　　　　41, Jalan Radin Anum, Bandar Baru Sri Petaling,
　　　　　　57000 Kuala Lumpur, Malaysia
　　　　　　電話：+603- 9057-8822　　傳真：+603- 9057-6622
　　　　　　Email：cite@cite.com.my
印　　　刷／韋懋實業有限公司
初　　　版／2022 年 12 月
售　　　價／新台幣 250 元
I S B N／978-626-7256-25-1
E I S B N／978-626-7256-10-7 （EPUB）

城邦讀書花園　布克文化
www.cite.com.tw　WWW.SBOOKER.COM.TW